Daniel A. Kempken

Schlaglichter Honduras

Highlights, Tipps und Kuriositäten

Alle Rechte vorbehalten.
Nachdruck und Vervielfältigung, auch auszugsweise,
nur mit schriftlicher Genehmigung des Autors.

© 2017 Daniel A. Kempken, Berlin

Umschlaggestaltung/Layout/Satz:
Konzept · Art · Text Peter Wolff, Mönchengladbach
Herstellung und Verlag: BoD – Books on Demand, Norderstedt
ISBN: 9783743194250

Daniel A. Kempken wurde im Jahre 1955 in Mönchengladbach geboren. Er hat die Juristerei studiert und danach als Rechtsanwalt und Notar gearbeitet. Davor und zwischendurch war er Fließbandarbeiter, Trödler, ehrenamtlicher Sozialarbeiter und Reiseleiter. Seit 1989 ist er in der Entwicklungszusammenarbeit und im Auswärtigen Dienst tätig. Seine Reisen führten ihn in diverse Länder vor allem in Lateinamerika. Gelebt hat er in Deutschland, Spanien, Sambia, Ecuador und Honduras. Seit Mitte 2016 ist er mal wieder in Berlin.

Dieses Buch ist nach Ecuador, Berlin, Kanarische Inseln, Uruguay und Cayman Islands der sechste Reiseführer der Schlaglichter-Reihe.

Mehr unter *www.danielkempken.de*

Gestatten, ich bin nicht die Oma, ich bin der Gott L

In der Maya-Mythologie gelte ich als der Herr der Unterwelt. Aber auch mit Fernhandel, Hexerei und Jaguaren habe ich zu tun. Bitte sehen Sie darüber hinweg, dass mir über die Jahrhunderte der Schmuck meiner Haare und meiner Ohren verloren gegangen ist. Deshalb sind sich besonders genaue Archäologen nicht ganz sicher, ob ich wirklich der Gott L bin. Sei es drum!

Sie finden mich in der Ausgrabungsstätte von Copán oberhalb des Eingangs zu einem der beiden Archäologen-Tunnel. Ich freue mich auf Ihren Besuch.

Vorwort

Liebe Leserinnen und Leser,

ich habe viereinhalb Jahre in Honduras gelebt und mich sehr wohl dort gefühlt. Für mich war das Land Liebe auf den zweiten Blick. Als ich Anfang 2012 dort ankam, war ich durch Berichte über die hohe Kriminalität etwas verunsichert. Doch ich habe schnell gemerkt, dass man den Gefahren mit etwas Umsicht leicht aus dem Wege gehen kann. Außerdem ist es in den letzten Jahren um einiges sicherer geworden. Es gibt in dem kleinen zentralamerikanischen Land viel zu sehen, und es wird auf Ihrer Reise kein Tag vergehen, an dem Ihnen nicht ein netter Mensch begegnet. Honduras bietet außerdem den mittlerweile recht seltenen Luxus, noch nicht von Touristen überlaufen zu sein. Fahren Sie hin, solange das noch so ist.

Willkommen in Honduras!

Ihr Daniel Kempken

Dank und Fotonachweis:

Großen Dank schulde ich meiner Frau Ingrid für das Lektorat, Ulla Preis und Peter Wolff für die Gestaltung des Buchs sowie David Alcantara für die Fotos auf Seite 73.

Inhalt

Schlaglichter

1.	Intro	9
2.	Tegucigalpa	19
3.	Umgebung von Tegucigalpa	33
4.	In der Mitte von Honduras	43
5.	Roatán	59
6.	Die anderen Karibik-Inseln	73
7.	Der Norden	87
8.	Im Mayaland – Copán und Umgebung	103
9.	Im Lencaland – Der Westen	115
10.	Der Süden	127
11.	Der wilde Osten – Olancho und die Mosquitia	135
12.	Trujillo – ein ganz besonderes Städtchen	147
13.	Essen und Trinken	157
14.	Bücher und Filme über Honduras	161
15.	Hinweise und Nebenwirkungen	172
16.	Allerlei Geschichten aus Honduras	177
17.	Honduras in 2 oder 3 Wochen – eine Reiseroute	185

Nationalheld und Namensgeber der honduranischen Banknote: Kazike Lempira (Statue in Erandique)

1. Schlaglicht
Intro

Hundert Jahre altes Bäumchen auf den Cayos Cochinos

Klein aber oho: Mit seinen 112.000 Quadratkilometern nimmt Honduras weniger als ein Drittel der Fläche Deutschlands ein. Doch das kleine Land ist ungeheuer vielfältig. Es gibt Palmenstrände an der Karibik und eine fast unwirkliche Vulkanlandschaft an der Pazifikküste; es gibt drei ganz unterschiedliche Ferieninseln und mehr als ein Dutzend winzige Robinson-Inseln, traumhafte Korallenriffe und Häfen für Kreuzfahrtschiffe, über 2.800 Meter hohe Berge, Nebelwälder, undurchdringlichen tropischen Regenwald und Mangroven, Lagunen, Seen, Wasserfälle, reißende Flüsse und Höhlen, knochentrockene Ebenen und erloschene Vulkane; viel Koloniales, die zweitgrößte Festung ganz Amerikas und wunderschöne Dörfer, in denen die Zeit einfach stehen geblieben ist. Honduras nennt zwei Welterbe der UNESCO sein Eigen: die einmaligen Maya-Ruinen von Copán und den Naturpark Rio Plátano, da wo Natur noch Natur ist und sich irgendwo im Dschungel eine verlorene, weiße Stadt verbirgt – die legendäre Ciudad Blanca.

In den Medien hatte Honduras in den letzten Jahren für negative Schlagzeilen gesorgt. Erst ging es um einen Staatsstreich, der dem alten Bild von der Bananenrepublik alle Ehre machte. Dann ging es um Kriminalität und Drogenhandel. Es gibt aber weiß Gott nicht nur gewalttätige, tätowierte Jugendbanden, Drogenbarone in abgedunkelten Limousinen, die korrupte Bürgermeister bestechen und Hispano-Cowboys, die keine Kneipe ohne Colt betreten. Im Kern ist Honduras ein sympathisches, manchmal ziemlich verschlafenes Land von großer landschaftlicher Schönheit. Der Drogenhandel und die ausgeuferte Kriminalität sind in den letzten Jahren zurückgegangen. Terroristen oder Selbstmordattentäter sind völlig unbekannt. Wer sich umsichtig bewegt und als Reisender keine unnötigen Risiken eingeht (vgl. Kapitel Hinweise und Nebenwirkungen), wird eine gute Zeit verleben und vielen freundlichen Menschen begegnen.

Honduras ist voll von Geschichte und Geschichten. Noch liegt das kleine Land abseits der ausgelatschten Touristenpfade; es gibt verdammt viel zu entdecken und zu erkunden, sogar ein bisschen Abenteuer. Und das alles in einem fantastischen Tropenklima – an den Küsten heiß und in den bergigeren Gegenden gemäßigt.

Ein paar Schlaglichter:

Wo kommt eigentlich der **Name Honduras** her? Auf seiner vierten und letzten Reise landete Christoph Kolumbus am 30. Juli 1502 auf der Isla de los Pinos, die man heute Guanaja nennt. Am 14. August 1502 war der Mann mit dem Eiertrick dann in Trujillo. Doch die damals noch völlig unwegsame Mosquitia hat dem in die Jahre gekommenen Eroberer anscheinend nicht besonders gefallen. Bald schon machte er sich wieder von dannen und segelte weiter gen Süden. Bei seiner

Abreise soll er gesagt haben: „Gracias a Dios pudimos salir de estas Honduras – Gott sei Dank sind wir aus diesen Tiefen wieder herausgekommen". Es ist überliefert, dass der Name Honduras durch diesen Ausspruch auf die Landkarten gelangt wäre; doch wirklich erwiesen ist das nicht.

Honduras war einmal die **Bananenrepublik** schlechthin. US-amerikanischen Bananenkonzernen gehörte ein großer Teil der honduranischen Küste und ihres Hinterlandes. Die mächtigen Firmen hatten die meisten Politiker gekauft, und die Bananen waren ihr „grünes Gold". Doch auf den Plantagen herrschte Unterdrückung, eine Art Steinzeitkapitalismus auf Kosten der weitgehend rechtlosen Arbeiter und ihrer Familien. Armut, Tropenkrankheiten und Gewalt grassierten – willkommen im Neandertal. Standard Fruit Company, heute Dole und United Fruit Company mit ihrer Tela Railroad Company, heute Chiquita, spielten die Hauptrollen. Den Begriff Bananenrepublik, der Honduras so lange begleitet hat, hat übrigens der US-Schriftsteller O. Henry in seinem 1904 erschienenen Roman „From Kings and Cabbages" (deutscher Titel: Kohlköpfe und Caballeros) geprägt. Die Realsatire spielt in einem fiktiven Bananenhafen in einer korrupten Republik in Zentralamerika. Gemeint waren Honduras und Trujillo, wo O. Henry eine Zeitlang gelebt hat. Heute ist längst nicht mehr alles Banane in Honduras. Der Drogenhandel wurde zur größten Einnahmequelle des Landes; seit die Regierung in den letzten Jahren recht erfolgreich gegen die „Narcos" vorgegangen ist, sind Kaffee, Textilmanufaktur, Palmöl und Tourismus auf den volkswirtschaftlichen Spitzenplätzen. Dann erst kommen die Bananen.

Die Honduraner nennen sich selbst gerne **Catrachos**. Und das kam so: Im Jahre 1856 war es einem amerikanischen Glücksritter namens William Walker tatsächlich gelungen, sich zum Präsidenten von Nicaragua wählen zu lassen. Das war ja schon ein starkes Stück. Doch es war ihm nicht genug. Der größenwahnsinnige Walker wollte ganz Zentralamerika unter seine Kontrolle bringen. Da trat Florencio Xatruch auf den Plan, ein honduranischer Feldherr aus dem winzigen Dorf San

Antonio del Oriente in der heutigen Provinz Francisco Morazán. Im Jahr 1857 schlug Xatruch den verrückten Amerikaner in die Flucht. Er wurde mit seinen 300 mutigen Soldaten zum Helden ganz Zentralamerikas. Worte schleifen sich im Laufe der Geschichte ab, und so wurden aus seinen Gefolgsleuten, den Xatruchos, die „Catrachos", ein Name, den die Honduraner/innen bis heute mit Stolz tragen.

Die „Dorfschönheit" San Antonio del Oriente ist das Heimatdorf des Feldherren Xatruch

Dorfschönheiten: Honduras ist das Land der wunderschönen Dörfer, in denen die Kolonialzeit stehen geblieben scheint. Viele von ihnen sind so toll gepflegt und restauriert, dass sie ohne weiteres als Freilichtmuseum durchgehen. Asbach-uralte Kirchen, gedrungene Adobe-Häuschen, an denen bunte Blüten ranken und lauschige, mit Natursteinen gepflasterte Gassen lassen jedes romantische Herz höher schlagen. Sie finden diese Dorfschönheiten in fast allen Teilen von Honduras. Ich habe sie in den Kapiteln über die jeweilige Region beschrieben. Hier meine ganz persönlichen Dorfköniginnen: San Antonio del Oriente, Ojojona und Cedros in der Provinz Franzisco Morazán, San Manuel de Colohete und Erandique in Lempira, Yuscarán in El Paraíso. Auch Santa Lucía und

Und noch eine „Dorfschönheit":
San Manuel de Colohete

Valle de Angeles bei Tegucigalpa spielen in der ersten Liga und haben sich mit Andenkenläden, Restaurants und Hotels gut auf Besucher/innen eingestellt.

Höhlenland Honduras: Beim Besuch einer Tropfsteinhöhle erzählte mir der Fremdenführer, dass es im ganzen Land 2.700 Höhlen gäbe. Das mag übertrieben sein. Doch es gibt viel mehr Höhlen als die allseits bekannten Cuevas de Taulabé in der Nähe des Lago de Yojoa und Cuevas de Talgua bei Catacamas. Einige liegen dort in der Nähe (Cuevas del Jute und Cueva de San José de Comayagua bei Taulabé; Cueva Grande bei Talgua). Andere finden sich bei Gualaco in Olancho (Cuevas de Susmay), bei Trujillo an der Nordküste (Cuevas de Cuyamel), bei Marcala, an der Straße von Juticalpa nach Catacamas und in der Mosquitia. Über honduranische Höhlen könnte man ein eigenes Buch schreiben. Wer gerne unter der Erde herumkraxelt, kommt mit Sicherheit auf seine Kosten. Die Reiseleiter bei den bekannteren Höhlen kennen sich meist gut aus und können weitere Höhlen empfehlen.

Es lohnt sich, einmal in eine Galerie zu gehen oder auf den Kunstgewerbemärkten bei den Bildern zu stöbern. Zwischen naiven, unbedarften oder einfach schlechten Bildern finden sich immer wieder Werke von honduranischen **Künstlern**, die (noch) keinen großen Namen, aber viel drauf haben; z.B. die ausdrucksvollen, bunten Gesichter eines Benito Martínez oder die surrealistischen Kompositionen eines Oto Sabillón.

Der Winnetou-Typ auf der kleinsten honduranischen Banknote heißt **Lempira**. Er hat nicht nur der Währung des Landes, einer Provinz und einer Stadt ihre Namen gegeben. Der Kazike Lempira ist Teil der nationalen Identität. Er hat in der ersten Hälfte des 16. Jahrhunderts den spanischen Konquistadoren erbitterten Widerstand geleistet. Nur durch eine hinterhältige List soll es den Spaniern schließlich im Jahre 1537 gelungen sein, den Widerstandskämpfer festzusetzen und ihn in der Nähe des Städtchens Erandique ins Jenseits zu befördern. Wo das genau geschehen ist, darüber gehen die Meinungen auseinander.

Nationalheld Kazike Lempira

Es gibt zwei Berge mit Namen Piedra Parada, wo es jeweils passiert sein soll. Auf noch einem anderen Berg direkt bei der Stadt hatte man ein Denkmal für Lempira aufgestellt, dieses allerdings in jüngerer Zeit durch Mobilfunk-Antennen ersetzt. Und im spanischen Generalarchiv in Sevilla gibt es ein Dokument, aus dem hervorgeht, dass der Widerstandskämpfer in einer offenen Schlacht gefallen sein soll. Realität und Mythos reichen sich bei der Lebensgeschichte des Lempira die Hände.

Francisco Morazán ist neben dem Kaziken Lempira und dem Feldherrn Xatruch der dritte Held der Nation. Er wollte nach der Unabhängigkeit von Spanien ein vereinigtes Zentralamerika schaffen, etwas, woran der Staatenverbund SICA noch heute arbeitet. Für Morazán endete die Vision tödlich. Seine Gegner haben ihn im September 1842 auf dem Zentralplatz von San José in Costa Rica hingerichtet – ausgerechnet am 15. des Monats, dem Unabhängigkeitstag Zentralamerikas.

Die **Maras** sind keine Freunde des Reisenden; es sind gewalttätige Jugendbanden, die ihr Dasein mit Schutzgelderpressungen, Überfällen und Einzelhandel mit Drogen fristen. In großen Städten wie Tegucigalpa oder San Pedro Sula beherrschen und terrorisieren sie ganze Stadtviertel. Ein Menschenleben ist ihnen zumeist weniger wert als die Tätowierungen, die wie Preisschilder der Gewalt auf ihren Körpern prangen. Genau genommen handelt es sich bei den Maras um ein Importprodukt aus den USA. Die großen Banden bildeten sich aus Sprösslingen von salvadorianischen Auswanderern. Die Jungspunde hatten sich zunächst zusammengetan, um in Los Angeles, der Welthauptstadt der Straßengangs, mit dem einheimischen Lumpenpack klarzukommen. So weisen auch ihre Namen (Mara 13 Salvatrucha, Mara Barrio 18) auf Straßen in Los Angeles hin. In den 1990er Jahren kehrten einige von ihnen nach Zentralamerika zurück. Dort ließ sich das Erlernte prächtig zur Anwendung bringen, weil Polizei und Justiz viel schwächer sind als in den USA. Und jetzt hat man den Salat.

In Deutschland waren es der VW und der Trabant. In den ländlichen Gebieten von Honduras kam die automobile Revolution in den letzten Jahren auf nur drei Rädern daher, knatternd und aus Indien importiert. Dort nennt man die schnuckeligen Gefährte Tuktuks; in Honduras heißen sie **Mototaxis**. Die dreirädrigen Mopeds sind Freilufttaxi, Lastesel und Zwerg-PKW in einem. Mittlerweile gibt es mehr als 50.000 dieser Zweitakt-Rikschas; ein regelrechter Modernisierungsschub, der seit ein paar Jahren in honduranischen Kleinstädten und Dörfern stattfindet – in großen Städten sind die Dreiräder verboten. Bleibt zu hoffen, dass die Knatterfrösche nicht zur Plage werden, wie dies an zahlreichen Orten Asiens längst der Fall ist.

Die honduranische **Nationalhymne** hat ein Deutscher komponiert. Er hieß Carlos (eigentlich Karl) Hartling. Er hatte an den Musikhochschulen in Weimar, Leipzig und München gewirkt und verschie-

Knatterfrosch-Import aus Asien: Mototaxis

dene Orchester, auch Militärkapellen geleitet, u. a. die des Erfurter Infanterie-Regiments. Im Jahre 1896 holte ihn der damalige honduranische Präsident Polcarpo Bonilla nach Tegucigalpa. Seine gefälligen Melodien kamen auch auf der anderen Seite des großen Teiches gut an. Im Jahre 1903 wurde der Musiker damit beauftragt, die honduranische Nationalhymne zu komponieren. Gut Ding braucht Weil. Die feierliche Uraufführung fand am 13. November 1907 unter Leitung des deutschen Taktstockmeisters im Hafen von Amapala statt. Doch erst am 13. November 1915 wurde das flotte Lied durch Dekret des damaligen Präsidenten Alberto Membreño zur Nationalhymne erklärt. Der Text des „Canto a Honduras" stammt von Augusto C. Cuello.

Die **Osterwoche** ist in Honduras Haupturlaubszeit. In der Semana Santa (Karwoche) sind der Presse zufolge etwa 2 Millionen Honduraner/innen auf Achse – ein Viertel der Bevölkerung! Das Motto heißt: Vamos a la Playa. Entsprechend überlaufen sind die Strände, und alles ist dort doppelt so teuer wie sonst. Da schaut man sich besser die eindrucksvollen Osterfeierlichkeiten in den nicht so überfüllten Städten an. In Tegucigalpa und in Comayagua, neuerdings auch in anderen Städten wie Choluteca oder Danlí wird die

Hauptstraße der jeweiligen Altstadt am Gründonnerstag mit kunstvollen Teppichen aus bunten Sägespänen verziert. Denn vor knapp 2.000 Jahren „breitete viel Volks die Kleider auf den Weg; andere hieben Zweige von den Bäumen und streuten sie auf den Weg" (Matthäus 21, 8), um dem Einzug Jesu in Jerusalem einen angemessenen Rahmen zu geben. Es ist Einwegkunst im wahrsten Sinne des Wortes; denn am Karfreitag  schreitet die Prozession über die nur lose aufgebrachten Bilder und Ornamente, und schon ist es wieder vorbei mit der biblischen Variante des roten Teppichs. Die tollsten Teppiche werden in Comayagua gestaltet. Osterprozessionen gibt es in fast allen Städten und Dörfern, je größer der Ort, desto aufwendiger und theatralischer; sehenswert ist es immer. In dem kleinen Dorf Valle de Angeles nicht weit von Tegucigalpa werden naive, fast schon niedliche Heiligenfiguren durch den Ort getragen, die auch in der Augsburger Puppenkiste akzeptiert würden. Dazu stimmen die Leute „Glory, Glory Halleluja" an, so fröhlich, dass ich an die mittlerweile wohl pensionierte Berliner Kult-Band The Lords denken musste. Ostern in dörflicher Idylle – auch das hat was.

Honduras, vor allem seine Inseln, waren in der alten Zeit bei **Piraten** ziemlich beliebt. Francis Drake soll 1578 Amapala zu seinem Stützpunkt gemacht haben. Henry Morgan soll seine Beute aus der Plünderung von Panamá im Jahre 1671 an der Küste von Roatán versteckt haben. In Omoa und in Trujillo hat man wehrhafte Forts gebaut; doch auch diese noch heute sehenswerten Festungen konnten die Piraten nicht von ihren ungebetenen Besuchen abhalten.

Honduras ist **Zigarrenland**. Schon einer der Maya Könige aus Copán hieß Rauch-Jaguar, und das nicht ohne Grund. Es ist historisch und archäologisch nachgewiesen, dass die Mayas Zigarren drehten und sie auch rauchten. Damit wollten sie den Göttern näherkommen. In Santa Rosa de Copán wurde 1765 die erste Tabakfabrik in ganz Amerika eröffnet. Bis heute werden in Honduras hochwertige Zigarren hergestellt, vor allem in Copán Ruinas, in Santa Rosa de Copán, in Danlí und in Comayagua. Der Tabak ist viertgrößter Exportartikel des Landes. In Santa Rosa de Copán gibt es die etwas milderen, aromatischeren Sorten. Die bei weitem größte Produktion ist in Danlí in der Provinz El Paraíso. Dort gehören die meisten der Zigarrenfabriken Kubanern, die nach der Revolution ausgewandert und sich in Honduras eine neue Existenz geschaffen haben. Ihr Sachverstand und das für den Tabakanbau ideale Klima sorgen für höchste Qualität; manche sagen, die honduranischen Zigarren stünden den kubanischen in nichts nach. Mittlerweile gibt es in Danlí und Umgebung an die 20 Zigarrenfabriken mit insgesamt etwa 20.000 Beschäftigten. Honduras produziert jedes Jahr etwa hundert Millionen Zigarren. Die Produktionsstätten können nach vorheriger Anmeldung besucht werden.

2. Schlaglicht
Tegucigalpa

Kathedrale von Tegucigalpa

Vor 50 Jahren lebten etwa hunderttausend Leute in Tegucigalpa. Sie lebten in einer malerischen Kolonialstadt, die sich beschaulich in einen Talkessel kuschelte. Mittlerweile hat Tegucigalpa etwa 1,3 Millionen Einwohner. Modernisierer haben den Geschmack ihres Zeitgeistes in das historische Zentrum getragen und die umliegenden Hügel mit Beton, Straßen und Stromkabeln überzogen. Wirbelstürme sind durch den Ort gezogen und haben das ihrige beigetragen. So ist aus dem kolonialen Zentrum von Tegucigalpa ein amorphes Patchwork aus alt und neu geworden, auf den ersten Blick nicht mehr unbedingt ein

Schmuckstück. Doch wer sich darauf einlässt und mit offenen Augen durch die Altstadt streunt, stößt auf eine Vielzahl historischer Gebäude, Kirchen und Museen. Besonders sehenswert sind der quirlige, zentrale Platz mit der prächtigen Kathedrale, die schmucke Los Dolores-Kirche, das

Der alte Präsidentenpalast

erstaunliche Museo de la Identidad Nacional, das plüschige Teatro Bonilla und der verspielte, frühere Präsidentenpalast. Touristische Trüffelschweine werden auf ihrer Spurensuche noch viel, viel mehr entdecken: altehrwürdige Gebäude mit verschlissenen Fassaden, die stolz und manchmal etwas traurig Wache für längst verflossene Zeiten halten. In der letzten Zeit werden nach und nach immer mehr Straßen und Plätze in Ordnung gebracht, koloniale Architektur wird restauriert und herausgeputzt. Un Gran Centro Historico – ein großes historisches Zentrum, das ist die hoffnungsfrohe Vision der Stadtväter.

Im neueren Teil der Stadt gibt es einige Beispiele **imposanter, moderner Architektur** wie die Metropolis-Zwillingstürme oder der

Modernes Tegucigalpa

Sky Tower, der durchaus Zeug zum Wahrzeichen der Stadt hat.

In Tegucigalpa gibt es so gut wie **keine Touristen**. Sie können für sich in Anspruch nehmen, etwas ganz Besonderes zu sein. Wo gibt es das noch in einer Welt, in der seit vielen Jahren keine Industrie so schnell wächst wie der Tourismus.

Highlights:

Die größte Sehenswürdigkeit Tegucigalpas steht nicht im historischen Zentrum. Es ist das großartige Ensemble aus der imposanten **Basilika** und der anmutigen **Kapelle** im Vorort **Suyapa**. Die 93 Meter lange und 46 Meter hohe Basilika ist eine prächtige Stilmix-Kirche aus dem Jahr 1954 mit zwei Türmen und einer mächtigen Kuppel – die größte Kirche Zentralamerikas. Wer in das kolossale Gebäude mit seinen wunderschönen, bunten Kirchenfenstern hineingeht, sagt erst einmal wow... Seit 2014 bewacht eine güldene Statue von Papst Johannes Paul II den Haupteingang der zur Basilica Menor erhobenen Kirche. Das nur ein paar Steinwürfe entfernte, malerische Kapellchen aus dem Jahre 1777 hat zwei schlanke Türme, die an Minarette erinnern. Beide Gotteshäuser wurden zu Ehren der Jungfrau von Suyapa errichtet, der Nationalheiligen von Honduras.

Die Kapelle von Suyapa

Ostern wird die Avenida Cervantes in der Altstadt mit bunten Teppichen aus Sägemehl ausgelegt. **Kunst für ein paar Stunden**; denn am Karfreitag läuft die Prozession über die schönen Bilder und Ornamente, und alles ist wieder zerstört (vgl. 1. Schlaglicht).

Tipps:

Das **Herz der Altstadt** ist der quirlige **Zentralplatz** (Parque Central) mit seinen riesigen Tropenbäumen, der Reiterstatue des

Event am Zentralplatz

zentralamerikanischen Helden Francisco Morazán und der prächtigen Kathedrale. Es lohnt sich einmal hinein zu gehen und sich von dem enormen, ganz und gar vergoldeten Altar blenden zu lassen. Auf dem Platz vor der Kirche können Sie tagsüber ein buntes Treiben aus Menschen betrachten, die sehr geschäftig sind oder auch nicht: Straßenverkäufer und Prediger, Kleinkünstler und Schuhputzer; Gläubige, Müßiggänger und manchmal jemand mit einem Fotoapparat. Am Parque Central gibt es auch ein Kulturzentrum der hauptsächlich an der Küste lebenden afrohonduranischen Bevölkerungsgruppe der Garífunas – das Centro de la Cultura Garinaga.

Von der Neustadt zum Zentralplatz führt die **Avenida Cervantes** mit verblichenem Latino-Flair und einigen aus der Kolonialzeit übrig gebliebenen Bauten. Da gibt es einen verstaubten „Diplomats Barber Shop" und hinter einer Fassade mit abgeblättertem Putz den Schönheitssalon „Germana". Originell ist auch Chayito Souvenir am Anfang der Straße mit Andenken und Devotionalien; die beiden Verkäuferinnen sind so alt wie der mit göttlichem Kitsch bis zum Bersten vollgestopfte Laden; sehenswert! Vier Blocks vor der Kathedrale befindet sich auf der rechten Seite in einem gut erhaltenen Kolonialhaus das **Museo del Hombre**. Es beheimatet zeitgenössische, honduranische Kunst, Stadtgeschichte und eine beachtliche Kunstbibliothek.

Der **beste Stadtspaziergang** führt auf der anderen Seite der Kathedrale durch die Fußgängerstraße in westlicher Richtung. Gehen Sie die dritte Straße (Calle los Dolores) rechts ab. Nach vielleicht 100

Metern stehen Sie auf einem Platz mit einer Statue des Erzengels Michael, dem Schutzpatron der Stadt. Er hat den Satan besiegt und tritt dem Gehörnten auf dem Kopf herum. Ein klarer Verstoß gegen die Menschenrechte! Und das vor der Los Dolores Kirche, einem wahrhaft anmutigen Gebäude mit einer wunderbar gestalteten Fassade, auf der christliche und indigene Motive formvollendet miteinander verwoben sind.

Zurück in der Fußgängerzone kommt zwei Blocks weiter das bedeutendste Museum der Stadt, das **Museo para la Identidad Nacional**, untergebracht in einem prächtigen Regierungspalast aus dem Jahre 1882. Es gibt nationale und internationale Kunst zu bestaunen, Landesgeschichte, einen Andenkenladen mit Niveau und eine Cafetería mit Tischen auf dem Trottoire vor dem Museum. Der eigentliche Clou aber ist eine perfekt inszenierte virtuelle 3D-Tour durch die Mayaruinen von Copán. Gegenüber von dem Museum liegt das historische Postgebäude, für das man noch eine angemessene Verwendung sucht.

Am Ende der Fußgängerstraße liegt rechts der **Herrera Park** mit wunderbaren, alten Tropenbäumen und der schönen **El Calvario** Kirche. Links steht das ehrwürdige **Teatro Nacional Manuel Bonilla** aus dem Jahre 1916. Es lohnt sich, hinein zu gehen und einen Blick in den plüschigen Saal zu werfen. Oder gönnen Sie sich ein Konzert im Teatro Bonilla. Tegucigalpa hat ein beachtliches Symphonieorchester mit einem Taktstockmeister, der über 10 Jahre in Deutschland gelebt und gewirkt hat.

Schönheitssalon in der Altstadt

Kleine Mayawelt an der Plaza Concordia

Vom Teatro Bonilla gehen Sie am besten wieder zurück zum Parque Central – das wäre die sicherste Variante. Oder Sie wagen sich noch vier Blocks weiter in Richtung Norden zur **Plaza Concordia**. Der fantasievoll gestaltete Platz am nordwestlichen Ende der Altstadt müsste eigentlich Plaza Maya heißen. Auf dem Platz stehen geheimnisvolle Statuen und reich verzierte Säulen, magische Figuren und eine stattliche Pyramide; sogar die Mülleimer haben Maya-Dekor. Für alle, die keine Zeit oder keine Lust haben, nach Copán zu fahren, ist auf der Plaza Conordia eine putzige Disney-Maya-Welt entstanden. Man muss allerdings ein bisschen aufpassen. Denn die Gegend um den Platz herum ist für Nicht-Kriminelle kaum zu empfehlen.

In der Nähe der Plaza Concordia den Hügel hinauf steht die **Villa Roy**, ein prächtiges Gebäude, in dem früher ein kleines, aber feines Museum über die Geschichte der Republik untergebracht war. Vor der Tür standen die schwarz glänzenden Staatskarossen früherer Präsidenten des Landes. Leider musste die einsturzgefährdete Villa wegen Abstützmaßnahmen geschlossen werden. Es lohnt sich bei Ihrem Aufenthalt zu fragen, ob die seit längerem geplante Wiedereröffnung mittlerweile erfolgt ist.

Ein anderer, ganz **kurzer Stadtspaziergang** führt vom Zentralplatz zur Antigua Casa Presidencial. Es geht über die Calle Bolívar einen Block in Richtung Süden. Sie kommen zum **La Merced Konvent** aus dem 17. Jahrhundert, wo heute die Nationale Kunstgalerie (Galería Nacional de Arte) untergebracht ist. Ausgestellt sind nicht nur die Werke herausragender honduranischer Maler, sondern auch Skulpturen, Petroglyphen und Keramik der alten Mayas. Als ästhetischen Kontrapunkt zu dem kolonialen Kloster hat man auf demselben Platz einen Tagungssaal auf Stelzen für das honduranische Parlament errichtet; der wunderliche Palacio Legislativo erinnert ein bisschen an das Szenenbild eines in die Jahre gekommenen Science Fiction-Films.

Rechts die Ecke herum steht ein Zuckerbäcker-Schloss im Harry Potter-Jugendstil. Es ist der Anfang des letzten Jahrhunderts gebaute, ehemailige Präsidentenpalast, **La Antigua Casa Presidencial**. 1992 wurde der feine Bau außer Betrieb genommen und verfiel nach und nach in Agonie. Jetzt entsteht hier das Nationalmuseum von Honduras. Das Arbeitszimmer der Präsidenten, eine Galerie der verschiedenen Machthaber und geschichtsträchtige Fotos können schon besichtigt werden; außerdem archäologische Fundstücke aus der legendären Ciudad Blanca. Allein die gekonnt restaurierten Räume, der lauschige Innenhof und die Terrassen des direkt am Fluss gelegenen Palastes sind einen Besuch wert. Demnächst sollen hier auch die Staatskarossen, die bisher vor der Villa Roy standen, ausgestellt werden.

Von der Altstadt führen Treppenstufen und ein Sträßchen mit Spitzkehren hinauf zum **Parque Leona**. In dem hübschen Viertel haben früher einmal die Reichen gewohnt – und eine Löwin, so sagt es jedenfalls die Legende. Heute ist das eigentlich eher nach Afrika gehörende Tier auf eine Mauer gemalt und sieht aus wie ein Puma. In dem malerischen Stadtviertel Barrio Leona wohnen eine Reihe von Künstlern und Bohème. Nicht schlecht ist auch die Aussicht von dem belebten Parque Leona über die ganze Stadt.

Der Choluteca Fluss ist die Grenze zur schachbrettartig angelegten Schwesterstadt **Comayaguela**. Sehenswert sind dort der Parque La Libertad mit dem historischen Gebäude der Nationalen Kunstakademie (Escuela Nacional de Bellas Artes), der Parque del Obelisco, in dem tatsächlich ein Obelisk steht und das mittelalterlich anmutende Gebäude der honduranischen Armeeführung. Bunt und quirlig geht es auf den großen Märkten in Comayaguela gleich gegenüber der Altstadt zu; die Märkte sind aber auch bei Dieben und Lumpenpack beliebt.

Gastronomisch ist die Altstadt von Tegucigalpa etwas ins Hintertreffen geraten; es gibt fast nur Fast-Food-Buden. Rühmliche Ausnahme ist das **Restaurant Duncan Maya** auf der Avenida Colón zwischen Parque Valle und Parque Central. Es hatte 1964 einen Preis für elegante Gastlichkeit bekommen; heute ist es ein sehr einfaches, aber absolut empfehlenswertes, honduranisches Lokal in einem schönen Kolonialbau.

Einen Block weiter an der Ecke Avenida Colón und Calle Hipólito Matute liegt eine herrliche Spelunke, das 70 Jahre alte **Tito Aguacate**. Hausgetränk ist seit eh und je der **Calambre** (Krampf), eine teuflische Mischung aus billigem Gin, Wein, Zucker, Zitrone und Eis – schmeckt herrlich und ist viel bekömmlicher als man vermuten sollte.

Dufte ist das Künstler- und Bohéme-**Café Paradiso** auf der Avenido Barahona 1351 am der Neustadt zugewandten Ende der Altstadt. Dichterlesungen und Filmvorführungen gibt es hier auch. Das Café Paradiso könnte genauso gut in Paris oder einem Berliner Kiez stehen.

Je realer der Traum der Stadtväter vom **Gran Centro Histórico** wird, desto mehr attraktive Gastronomie könnte hinzukommen. Quito in Ecuador, Antigua Guatemala oder auch das honduranische Comayagua haben vorgemacht, wie so etwas geht.

Das geschmackvollste Hotel in der Altstadt ist das **Mac Arthur** auf der Avenida Lempira 454, ein freundliches Haus der unteren Mittelklasse im Herzen von Tegucigalpa, fußläufig zu den Sehenswürdigkeiten. Es gibt sogar einen kleinen Pool. Abends ist man auf ein Taxi angewiesen, da das Hotel kein Restaurant hat und auch keine in der Nähe liegen (Doppelzimmer ca. 50 Euro). Nett, kuschelig, freundlich und preisgünstig ist das **Hostal La Ronda** auf der Avenida Máximo Jerez nur ein paar Blocks vom Zentralplatz (Doppelzimmer ca. 30 Euro; Schlafplatz schon für 10 Euro).

Vom Hang des Hausbergs **Picacho** blickt seit 1997 ein weißer Christus auf die Altstadt von Tegucigalpa hinunter, ein Beton-Jesus der schlichten Moderne, so wie ihn eigentlich die Protestanten gerne mögen. Er ist 12 Meter hoch und thront auf einem 20 Meter hohen Sockel. Die Statue befindet sich in einer schönen Anlage mit botanischem Garten und dem Nachbau einer Maya-Pyramide. Es lohnt sich, einmal hinauf zu fahren, auch wenn der Blick über die Stadt von hier oben nicht ganz so gut ist wie vom Parque León.

Sehr schick und toll gelegen: das **Restaurant La Cumbre** im coolen Lounge-Style. Dezent flackernde Kerzen und Champagner-Kübel auf den dunkel glänzenden Tischen; hinter riesigen Panoramascheiben blinken weit unten im Tal die Lichter der Stadt. Die spektakulären Aussichts-Restaurants des kanarischen Gestaltungsgenies César Manrique lassen grüßen. Die Speisekarte ist auf edel getrimmt. Fahren Sie am Picacho-Park weiter geradeaus; nach ein paar Kurven geht es rechts ab zum La Cumbre.

Auf der anderen Seite der Altstadt ragt der **Juana Lainez-Hügel** mit seinem klotzigen Friedensdenkmal und einer honduranischen XXL-Fahne weithin sichtbar aus dem Häusermeer. Von hier haben Sie eine schöne Aussicht über die Stadt und das direkt unter dem Hügel liegende Fußballstadion.

Die Plaza San Martín im Stadtteil Palmira nennt man auch gern **Distrito Hotelero**, den Hoteldistrikt. Dort stehen gleich fünf große Hotels nebeneinander: Das **Honduras Maya** mit seinem fast schon Olympia-reifen Pool ist der Klassiker unter den moderneren Hotels in Tegucigalpa. Das dazugehörige Restaurant liegt an einem schönen Garten mit Palmen und tropischen Gewächsen; es bietet eine gut gemachte peruanisch international honduranische Fusionsküche.

Mein persönlicher Favorit ist das **Plaza Juan Carlos**, ein großzügiges, modernes Hotel mit allem Schickschnack, gutem Service und gutem Essen; vom Speisesaal aus hat man einen schönen Blick zur Christus-Statue auf dem Picacho-Hügel hinter der Stadt. Plaza Juan Carlos ist das einzige Hotel in Tegucigalpa, das Schwimmbad, Fitnessraum, Sauna und Zimmer mit Balkon gleichzeitig hat. Zur selben Kette gehören die nebenan liegenden Hotels Plaza San Martín, Plaza del General, Plaza Libertador. Auch sie sind gut geführt, im Vergleich zum Plaza Juan Carlos allerdings etwas düsterer und altbacken. Das Plaza San Martín hat ein Restaurant mit guter Küche und einer Terrasse zu dem hübschen Platz. Die Doppelzimmer in den Hotels kosten um die 90 Euro; in dem schickeren Plaza Juan Carlos sind es etwas mehr als 100 Euro. Wer es im Distrito Hotelero familiärer haben möchte, gehe in das kuschlige und beliebte **Hotel Real Colonial** (Doppelzimmer ca. 60 Euro).

Gegenüber vom Hotel Plaza San Martín ist das gemütliche Bar-Restaurant **Tres Tintas**: gutes Essen, guter, preisgünstiger Wein, guter Service und ein trödeliges Möbelsammelsurium – fast schon Berliner Szene-Stil. Im Distrito Hotelero gibt es auch eine Disco und ein paar Kneipen, in denen an den Wochenenden richtig was los ist; die nettesten Bars an einem Plätzchen direkt gegenüber vom Hotel Honduras Maya. Absolute Attraktion und Goldgrube für den Besitzer ist ein Ableger des **Tito Aguacate** aus der Altstadt mit seinen legendären Calambre-Mischungen.

Eine empfehlenswerte und sehr individuelle Unterkunft ist das Boutique-Hotel **Portal del Angel**, im Ortsteil Palmira auf der 2. Avenida. Das Haus ist mit geschmackvollen Stilmöbeln eingerichtet, hat einen lauschigen Innenhof mit klassischen Säulen und einen schön anzusehenden Bonsai-Swimmingpool (Doppelzimmer 70 Euro); unschlagbar ist die Suite mit dem Riesenbalkon über dem lauschigen Poolbereich (Zimmer Nr. 20, knapp 100 Euro).

Einen Block weiter auf der **Avenida Argentina** ist ein Restaurant neben dem anderen. Hier meine Auswahl: Das **Olivo y Vino** hat nur

Der Mormonentempel im Barrio Roble Alto

wenige Gerichte, die fast alle mit Olivenöl zubereitet werden – und guten Wein. Das **Restaurant Pisco** nebenan gibt sich triple-cool: Kühle Einrichtung, leistungsstarke Klimaanlage und coole peruanische Fusionsküche. Die **Izakaya Sushibar** gegenüber hat außer gutem Sushi eine tolle Terrasse im ersten Stock. Ein Stück weiter das **Rojo, Verde y Ajo** – Rot, Grün und Knoblauch; doch es gibt mehr als diese drei Dinge: eine schicke Einrichtung, eine gemütliche Terrasse und eine sehr gute, nicht alltägliche Küche. Das Lokal ist sehr „in" – ganz zu Recht. Zwei Häuser daneben das elegante Bar-Restaurant **Amanda's**: große Terrasse, ein bisschen Kir Royal-Atmo-sphäre und ausgezeichnetes Essen. Schräg gegenüber das beliebte **Café Honoré** mit angeschlossenem Delikatessengeschäft, in dem man allerlei Außergewöhnliches findet.

An der bekanntesten und wichtigsten Straße des neuen Tegucigalpa steht ein Fast Food Lokal neben dem anderen. Dennoch hat man den **Boulevard** nicht nach Ronald McDonald benannt, sondern nach dem zentralamerikanischen Freiheitskämpfer und Präsidenten **Francisco Morazán**.

Im Barrio Roble Alto in der Nähe des Flughafens haben die **Mormonen** im Jahre 2013 einen pompösen **Tempel** aus grauem Marmor mit einem goldenen Trompetenengel auf der Spitze errichtet. Ganz schön Kohle muss sie haben, diese Glaubensgemeinschaft. Mit ein bisschen Glück wird man auf das Grundstück gelassen und kann das prächtige Gebäude von Nahem bestaunen. Ins Gotteshaus hinein dürfen indes nur die Mormonen selbst.

„Bissiger" Kampfjet im Museo de Aire de Honduras

Neben dem militärischen Teil des Flughafens ist das nicht ganz leicht zu findende **Museo de Aire de Honduras**. Es ist der Mühe wert, sich durchzufragen. In dem Museum zur Luftfahrtgeschichte stehen 25 alte Flugzeuge. Die meisten sind kleine Kampfflieger, einer mit aufgemalten Haifischzähnen; auch die legendäre DC3 und eine der ersten zentralamerikanischen Linienmaschinen stehen in dieser außergewöhnlichen Sammlung.

Tegucigalpa ist die Stadt der wunderschönen Bäume; es gibt riesige Gummibäume und herrliche Fikus-Gewächse. Grüner Superstar aber ist der weit ausladende **Guanacaste-Baum**, eigentlich der Nationalbaum Costa Ricas, doch auch in Honduras nicht selten. Er zählt zu den Mimosengewächsen; mit seinen breit gefächerten Ästen ist der Guanacaste-Baum allerdings alles andere als mimosenhaft: breiter als hoch kann er mit einem mehr als 3 Meter dicken Stamm durchaus eine Höhe von 40 Metern erreichen. Unter so einem ausgewachsenen Guanacaste können ganze Hundertschaften im Schatten sitzen. Am Eingang zur Altstadt steht ein besonders schönes Exemplar; das Stadtviertel ist nach ihm benannt.

Wundern Sie sich nicht, wenn Sie in Tegucigalpa die Orientierung verlieren. Die **Straßenführung** ist mehr als verwirrend. Auch nach vier

Jahren habe ich mich fast nur an den verschiedenen Hochhäusern orientieren können; in der Altstadt geht es etwas besser. Am besten ist, sich gleich am Flughafen ein **Taxi** zu nehmen. Dort stehen nur offiziell registrierte und zuverlässige Taxen. Lassen Sie sich von dem Fahrer für weitere Touren die Telefonnummer geben. Auch die Hotelrezeptionen können Ihnen sichere Taxis rufen. Das sind übrigens meist nicht gekennzeichnete Fahrzeuge; die offiziell wirkenden, weißen Taxis mit den großen Nummern sind in Tegucigalpa eher mit Vorsicht zu genießen.

Tagsüber auf den belebten Straßen der Altstadt zu flanieren, ist kein Problem, wenn man ein bisschen auf seine Sachen aufpasst. Nebenstraßen und die ausgestorbeneren Teile der Altstadt sind nicht zu empfehlen. Wenn Sie den Parque Leona oder Comayaguela besuchen möchten, empfehle ich ein Taxi.

Wegen seiner relativen Höhenlage (ca. 1.000 Meter) hat Tegucigalpa ein sehr **angenehmes Klima**, nicht zu heiß und nicht zu kalt. Von März bis Oktober sind es am Tag bis zu 30 Grad und in der Nacht um die 20; zwischen November und Februar ist es kühler, dafür regnet es in dieser Zeit fast nie.

Kuriositäten:

Klein, aber oho: die mittlerweile 235 Jahre alte **Jungfrau von Suyapa**. Sie ist nur sechs Zentimeter groß, und doch hat sie den Rang der allseits verehrten Oberjungfrau von Honduras. Zu ihrem Geburtstag, am 3. Februar eines jeden Jahres findet eine riesige Wallfahrt statt.

Dazu wird die Madonna von ihrem eigentlichen Zuhause, der Puppenstuben-Kapelle von Suyapa nach nebenan in die mächtige Basilika gebracht. Doch die größte Kirche Zentralamerikas reicht bei weitem nicht aus, alle Ge-

Jungfrau von Suyapa

Básilica de Suyapa

burtstagsgäste aufzunehmen. Die Bonsai-Jungfrau begeistert mit ihren sechs Zentimetern die Massen wie Shakira. Abertausende von Pilgern beten eine ganze Woche lang zu ihr.

Unterhalb der Basilika von Suyapa liegt ein **Autofriedhof**. Keine Angst – das ist kein Schrottplatz. Es ist ein Gottesacker, auf dem man mit dem Auto zu den Gräbern fahren darf.

Erinnern Sie sich noch an das Lied der Gruppe Guru Guru vom Elektrolurch – er wohnte in der Lüsterklemme neben dem Hauptzähler und sorgte für den Saft. Das schräge Tier hätte seine helle Freude an dem chaotischen **Kabelsalat**, der in Tegucigalpa über den Straßen baumelt und hier den Saft liefert. Ein TÜV-Beamter würde wohl vor Schreck seine Lizenz zurückgeben, doch ein originelles Fotomotiv sind die Kabel allemal.

3. Schlaglicht
Umgebung von Tegucigalpa

Zwischen den Welten

Tegucigalpa heißt aus der indigenen Sprache übersetzt so viel wie die Stadt am Silberberg; und dieser Silberberg liegt genau genommen hinter dem Städtchen Valle de Angeles, da wo sich heutzutage der Nationalpark La Tigra befindet. In der alten Zeit waren dort die großen Silberminen von El Rosario, deren verlassene Tunnel man noch heute finden kann.

Die Hauptstadt von Honduras ist von einer malerischen Mittelgebirgslandschaft umgeben, in der sich toll erhaltene koloniale Dörfer finden, regelrechte Dorfschönheiten.

Highlights:

Für mich ganz oben in der Rangliste der Dorfschönheiten: Auf der Straße nach Danlí geht es bei der Landwirtschaftsschule Zamorano links ab nach **San Antonio del Oriente**. Das Holpersträßchen schlängelt sich durch eine anmutige Mittelgebirgslandschaft und gibt herrliche Blicke über die Ebene von Zamorano frei. Noch schöner ist San Antonio del Oriente selbst; ein liebliches Dörflein mit Natursteinpflaster, malerischen Ziegeldächern und einer Blendax-weißen Kirche, deren Glockenturm man besteigen darf. In San Antonio del Oriente ist die Welt noch ziemlich verpennt und irgendwie in Ordnung. Es gibt eine Dorfschule, eine Gesundheitsstation, einen Tante-Emma-Laden und neben der schönen katholischen auch noch eine schlichte Pfingstkirche – Konkurrenz belebt das Geschäft. Auf einem verwitterten Schild steht: Aqui está la cuna de muchos hombres ilustres – hier ist die Wiege vieler berühmter Leute. Der bedeutendste Sohn des Dorfes war der Feldherr Xatruch, von dessen Name „Catrachos", die Selbstbezeichnung der Honduraner abgeleitet ist.

Sattes, von Nebelschwaden getränktes Grün, Natur pur nur ein paar Kilometer außerhalb der Stadt: Der Bergregenwald des **Nationalparks La Tigra** lädt zum Wandern ein. Es gibt zwei Haupteingänge: Tegucigalpa am nächsten ist die Jutiapa-Zufahrt. Man fährt aus der Altstadt heraus immer bergan am Picacho-Park mit dem Jesusmonument vorbei, durch den Weiler El Hatillo hindurch und einfach weiter geradeaus. Der andere Eingang befindet sich oberhalb des ehemaligen Minenstädtchens El Rosario in einem Gebäude der alten Bergbaugesellschaft. Die Wege durch den Park sind recht gut ausgezeichnet. Auf dem Hauptweg „Sendero Principal" gelangt man innerhalb von etwa zweieinhalb Stunden vom einen Ende des immergrünen Parks zum anderen; mit dem Besuch eines hübschen Wasserfalls sind es dreieinhalb Stunden. Rundwege in verschiedener Länge gibt es auch. Bei dem Städtchen Valle de Angeles befindet sich noch ein dritter Eingang des Parks.

Tipps:

An der Straße von Tegucigalpa nach Santa Lucia und Valle de Angeles finden Sie nach ungefähr 7 Kilometern auf der rechten Seite das **Café Jardín**, eine gelungene Mischung aus Gärtnerei und lauschigem Café.

Santa Lucía ist ein herzallerliebstes Dörfchen mit lauschigen Gassen und dösenden Hunden, die vor Tante-Emma-Lädchen liegen und sehr zufrieden sind. Von der hübschen Terrasse des Café del Pueblo blickt man über uralte Ziegeldächer auf die leuchtend weißen Türme der stattlichen Dorfkirche, in der ein Christus aus dem Jahre 1572 wohnt. Zur anderen Seite hin schweift der Blick über dichtes Grün zu einem Mittelalter-Film-geeigneten Gebäude aus grauen Steinen; auch wenn es nicht wirklich alt sein mag – Harry Potter würde es mögen. Noch einen Tick besser ist das Panorama des Sonnenuntergangs von der Terrasse des Café Tres Puntos. Wenn Caspar David Friedrich das gesehen hätte, hätte er wohl noch romantischere Schinken fabriziert. Zu dem Café gehört die kleine Posada Doña Estefana mit geschmackvoll eingerichteten Zimmern (ab 30 Euro).

Das schmucke Örtchen **Valle de Angeles** ist das beliebteste Ausflugsziel in der Umgebung von Tegucigalpa. Es liegt in einer malerischen Hügellandschaft und hat koloniales Flair. Es gibt eine Vielzahl von gemütlichen Lokalen und Andenkenläden. Valle de Angeles ist das Epizentrum des **honduranischen Kunstgewerbes**. Von der Hauptstadt bis Copán Ruinas, von Comayagua bis Roatán, egal, wo man in Honduras hinkommt und einen Andenkenladen findet, überall werden schöne Sachen made in Valle de Angeles angeboten. Besondere Spezialität sind kunstvoll geschnitzte, dickwandige Holzkisten mit

ländlichen Motiven. Die fünf riesigen Pavillons der Nationalen Vereinigung der Kunsthandwerker sind wahre Souvenir-Großmärkte.

Das freundliche **Como era antes** (Wie es früher war) am zentralen Platz von Valle de Angeles ist Galerie, Cafetería mit leckerem Kuchen und Imbiss aus Oma's Zeiten in einem. Das urigste Restaurant im Ort ist die **Casa de las Abuelas** (das Haus der Großmütter) hinter der Kirche; ein wirklich uraltes, gedrungenes Hexenhaus, in dem vielleicht die Ur-Ururomas auch schon gewohnt und gekocht haben. Das **Restaurante Don Juan** auf der anderen Seite des Hauptplatzes hat eine gemütliche Dachterrasse. Auch wenn Valle de Angeles nur knapp 25 Kilometer von Tegucigalpa entfernt ist, lohnt es sich, einmal eine Nacht dort zu verbringen und das dörfliche Flair auf sich wirken zu lassen. Das beste Hotel am Platze ist die **Posada del Ángel** in einem charmanten Gebäude mit einem Turm und einem großen Pool in einem kolonial gestalteten Patio. Die recht einfach eingerichteten Doppelzimmer kosten ca. 40 Euro.

Die beiden Zentren des honduranischen Silberbergbaus waren San Juancito und El Rosario. Es ist schwer vorstellbar und doch ist es wahr:

San Juancito, das verschlafene, ein bisschen heruntergekommene Städtchen mitten im Wald war zu Zeiten des Silberbooms Ende des 19. und Anfang des 20. Jahrhunderts einmal der Nabel von Honduras; hier gab es ein Kino und die erste Pepsi Cola-Fabrik Zentralamerikas. Das vom Zahn der Zeit angenagte Fabrikgebäude beherbergt heute ein Kulturzentrum, ein Kunstgewerbegeschäft und eine Cafeteria mit Panoramablick in die herrliche Vegetation des umliegenden Tals. San Juancito liegt hinter dem Städtchen Valle de Angeles in den Bergen im Nordosten von Tegucigalpa.

Im Nationalpark: Eingang zu einer alten Mine

Knapp vier Kilometer hinter San Juancito kommt man zu dem 1954 aufgegebenen Minenstädtchen **El Rosario**. Von den früher einmal mehr als hundert Holzhäusern der Angestellten der ehemaligen Minengesellschaft sind noch fünf erhalten, und ein stattlicheres Gebäude aus Stein. Hier oben mitten im Wald war einmal das US-amerikanische Konsulat untergebracht. Denn die Bergbaufirma war ein großes US-Unternehmen mit dem ausschweifenden Namen New York and Honduras Rosario Mining Company. Die Stollen, aus denen die Kumpel das Silber geholt haben, kann man in der Umgebung von El Rosario noch heute allenthalben finden. Manche sind nicht einmal verschlossen – dafür aber einsturzgefährdet! Etwas außerhalb des Örtchens liegt mitten im Wald mit einem wunderbaren Blick ins Tal das liebevoll gestaltete, von einem deutschen Paar geführte Hotelchen **Mirador El Rosario** (Doppelzimmer ca. 30 Euro).

Waren Außerirdische in den **Cuevas Pintadas** – manche nennen sie auch Cuevas de Ayasta – bei dem Dorf San Buenaventura etwa 30

Kilometer südlich von Tegucigalpa? Erich von Däniken wäre davon überzeugt. Denn die gut sichtbaren Höhlenmalereien stellen nicht nur ein fieses Krabbeltier und einen gefräßigen Krokodil-Saurier dar; an den Wänden sind auch fremdartige Leute mit Kugelköpfen und Antennen abgebildet. In der Tat weiß man noch nicht so genau, wer die Figuren in die Wände der Tuffsteinhöhlen geritzt hat. Ich empfehle, sich das selbst einmal anzuschauen. In letzter Zeit haben sich leider auch viele Schmierfinken in den Höhlen verewigt und mit ihrem Gekrakele die geheimnisvollen Abbildungen teilweise zerstört. An der Stichstraße nach San Buenaventura (von Tegucigalpa kommend auf der Straße

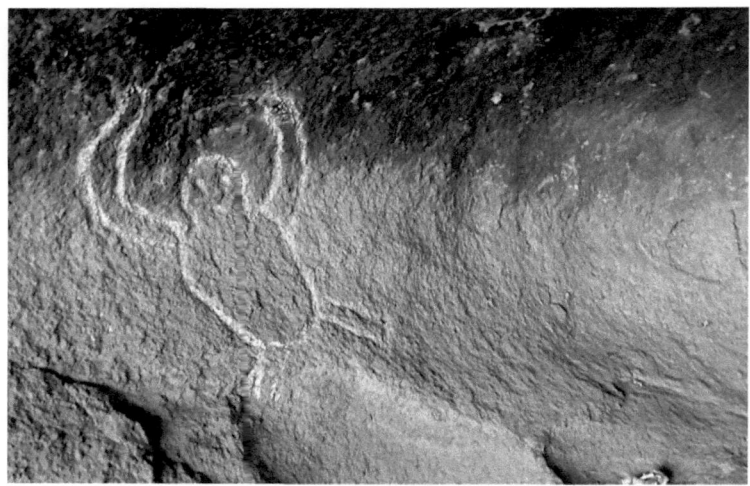

Cuevas Pintadas

nach Choluteca etwa bei Kilometer 25 links abbiegen) steht nach etwa drei Kilometern kurz vor der winzigen Ortschaft El Sauce auf der linken Seite ein kleines Gebetshaus. Dort müssen Sie links in die Gemarkung und auf die Windräder zu gehen – am besten mit einem Führer. Denn der Weg ist nicht ganz so einfach zu finden und führt teilweise über privates Gelände. Von der Straße zu den Cuevas Pintadas sind es nur etwa 25 Minuten Fußweg durch ein hübsches Tal mit einem Fluss. Sprechen Sie einfach irgendjemand an der Straße an; einige der

Anwohner verdienen sich gerne als Führer ein paar Lempiras dazu. Es gibt insgesamt drei bemalte Höhlen, die jeweils nur ein paar Meter in den Tuffstein hineinragen und zwei „Röhrenhöhlen", in die man hineinkriechen kann.

In **San Buenaventura** ist die Welt zu Ende – zumindest die der asphaltierten Straßen. Das verpennte Dorf hat einen geleckten Kirchplatz, der mit einem Pavillon auf Betonstelzen verziert ist. Von dort aus kann man ein gutes Foto von der historischen Kirche machen. Dann gibt es noch ein paar Tante-Emma-Läden, Straßenköter, ein kleines Gartenlokal und Ruhe, Ruhe und noch mal Ruhe. Gut zu dieser unheimlichen Ruhe passt der für das kleine Dorf riesige Friedhof; hätten Tote Wahlrecht, sollten die politischen Parteien in San Buenaventura den Wahlkampf auf dem Friedhof veranstalten.

Dort wo es von der Straße in den Süden links ab nach San Buenaventura geht, können Sie auch rechts nach Santa Ana und Ojojona fahren. Am Ortsausgang von Santa Ana in Richtung Ojojona steht **Casa y Campo**, ein rustikaler Gasthof mit Trödelmuseum, lauschigem Ambiente und gutem, honduranischen Essen. Demnächst sollen auch Gästezimmer angeboten werden.

Das malerische Städtchen **Ojojona** ist einer der Orte, an denen die Zeit stehen geblieben ist – das Bevölkerungswachstum aber nicht. Es gibt Ruhe, Beschaulichkeit und keinerlei Hektik; dafür bevölkern ganze

Heerscharen von jungen Leuten die Gassen und Plätze – gleich drei Asbach-uralte Kirchen scheinen zu sagen: ihr Kinderlein kommet. Um die Gotteshäuser herum stehen pittoreske Kolonialhäuser und kleine Geschäfte. Buntes Kunstgewerbe und nette Lokale laden die Zugereisten zum Verweilen ein; Moped-Rikschas knattern fröhlich durch den Staub der Dorfsträßchen; Pferde und Männer mit Cowboy-Hüten geben dem Ganzen einen Wildwest-Touch. Vor kurzem sind im Zentrum zwei oder drei Straßen gepflastert worden. Dadurch ist etwas von der ursprünglichen Beschaulichkeit verloren gegangen; doch die wohlgenährten Straßenköter bezeugen den bescheidenen Wohlstand, der in den letzten Jahren in Ojojona eingekehrt ist.

Kuriositäten:

Am ersten Hügel auf der Abzweigung von der Hauptstraße in den Süden in Richtung Santa Ana und Ojojona geht rechts ein Feldweg ab. Ein kleines Eisenkreuz weist den Weg zu einem wahrhaft originellen Monument, dem **Cruz de Chatarra**. Es ist ein um die zehn Meter hohes, christliches Kreuz ganz aus Schrottteilen. Vor 10 Jahren hatte der hier wohnende Napoleón Nasser einen Traum. Bei einem Sturm flogen allerlei Schrottteile auf ein Kreuz zu. Nasser verpflanzte diesen Traum in die Wirklichkeit und baute das Kreuz. Es soll zu Frieden der Weltreligionen aufrufen. Drumherum entstehen deshalb nach und nach Denkmäler anderer Glaubensrichtungen – kleiner, aber dafür nicht aus Schrott. Und ein gestorbener Trecker zeigt uns die Vergänglichkeit allen Seins.

Um das Örtchen **Santa Ana** auf dem Weg von Tegucigalpa nach Ojojona ist

Ojojona, einer der Orte, an denen die Zeit stehen geblieben ist

die Landschaft seit kurzem mit Windkrafträdern verspargelt. Die Bevölkerung mag den ökologischen Fortschritt und vermarktet ihn: Am Straßenrand werden hübsche Modelle der Rotoren angeboten. Kunstgewerbe mal ganz ohne Töpferscheiben- und Nostalgie-Touch – geht doch.

Auf dem frei zugänglichen Gelände der Kaserne Mateo am nordwestlichen Ende der Ringautobahn von Tegucigalpa (Anillo Periférico) ist ein seltsames **U-Boot** aufgestellt. Mit dem Gerät wurde im Juni 2011 versucht, siebeneinhalb Tonnen!!! Kokain von Kolumbien nach Honduras zu bringen. Doch die honduranischen Sicherheitskräfte hatten aufge-passt und haben das Schmugglerboot aufgebracht. Auf dem Mateo-Gelände gibt es auch noch eine kleine, alte Dampflok, die sich gerne fotografieren lässt.

1 San Antonio del Oriente; 2 Jm Nationalpark; 3 Honduranisches Kunsthandwerk

4. Schlaglicht
In der Mitte von Honduras

Vor dem Rathaus von Comayagua

Die Kuppel der Kathedrale von Comayagua

Highlights:

Comayagua ist das koloniale Kleinod von Honduras – das schönste Stadtzentrum im ganzen Land. In mehreren honduranischen Städten werden für die **Osterprozession** kunstvolle, bunte Teppiche aus Sägespänen auf die Straßen gelegt – die schönsten kann man in Comayagua bewundern.

Die Gegend um den **Lago de Yojoa** ist so malerisch, dass ein jeder Landschaftsmaler sofort seine Staffelei auspacken würde. Absoluter Höhepunkt ist das Panorama an dem Großstaudamm **El Cajon**. Auch der wie eine Galerie über die Uferlandschaft führende Holzsteg bei der Ausgrabungsstätte **Los Naranjos** ist etwas ganz Besonderes.

Tipps:

Comayagua

Das prächtige Comayagua war 307 Jahre lang die Hauptstadt von Honduras – von 1573 bis 1880. Comayagua liegt genau in der Mitte

Amerikas; es ist sozusagen die kleine Schwester vom ecuadoranischen Quito, der Mitte der Welt. In **Comayagua** können Sie den beeindruckendsten, historischen Stadtkern des ganzen Landes bewundern. Das war nicht immer so. In den 1980er und 1990er Jahren war die frühere Hauptstadt von Honduras ziemlich heruntergekommen. Die historischen Gebäude zerfielen zusehends. Coca Cola-Reklamen und zweifelhafte Bars für die Soldaten des in der Nähe liegenden Militärstützpunkts Palmerola bestimmten das Straßenbild. Seit Ende der 1990er Jahre wurden nach und nach die schnöden Reklamen entfernt; die herrlichen Kolonialbauten wurden mit Mitteln der spanischen Entwicklungszusammenarbeit restauriert. Heute hat die Stadt zwei Gesichter. Die Außenbezirke wirken etwas ungepflegt und hektisch, voll gepflastert mit schrecklichen Zweckformhäusern und Bruchbuden. Man muss ein bisschen suchen, um die koloniale Altstadt inmitten dieses gesichtslosen Labyrinths zu finden. Aber die Suche lohnt sich – das altspanische Zentrum ist einfach wunderbar.

Die elegante **Kathedrale von Comayagua** zieht die Blicke mit einer reich verzierten, Blüten-weißen Fassade und prächtigen Blattgold-Altären auf sich. Das eigentlich Besondere dieses Gotteshauses aber ist ihre ins Pflaster eingelassene Silhouette. Am besten kann man den ewigen Schatten vom Kirchturm aus bewundern. Dort oben steht auch das älteste Uhrwerk ganz Amerikas, welches nach mehr als 900 Jahren immer noch treu seinen Dienst tut.

Kathedrale von Comayagua

Das gute Stück stammt aus arabischer Produktion und wurde Honduras im Jahre 1636 vom spanischen König Felipe III vermacht. Fast immer stehen geschichtsfeste Führer bereit, die die Besucher/innen auf den Turm begleiten und für ein paar Lempira alles ganz genau erklären.

Die San Francisco Kirche wirkt so alt und schnuckelig, wie ein koloniales Gotteshaus es nur sein kann. In ihrem Turm hängen vier Glocken, von denen eine die **älteste Glocke Amerikas** sein soll. Sie können ja mal tippen, welche von den vieren es ist und hinterher beim Pfarrer fragen, ob Sie richtig getippt haben.

Am liebsten flaniere ich vom **Parque Central** über die Avenida 0 und dann links die 1ara Calle **zu der alten La Merced Kirche** mit dem lauschigen Plätzchen davor. Auf der Plaza steht eine dickbauchige Säule mit einer Krone, und ein kleines Café gibt es auch; alte Männer sitzen auf den Bänken und freuen sich, wenn Ausländerinnen vorbeikommen. Auf der Avenida 0 komme ich an vielen kleinen Lädchen mit Obst und Lebensmitteln, Stoffen und Klamotten, Piñata-Puppen und Regenschirmen vorbei. Rechts hinein geht es in einen urigen Markt mit brutzelnden Garküchen und hunderten von Ständen, an denen Schuhe und Hüte, Kleider, Krempel und Kram feilgeboten werden. Zentralamerikanisches Alltagsleben in Nahaufnahme!

In Comayagua haben in den letzten Jahren eine ganze Reihe recht guter Hotels eröffnet: Das **Hotel Antigua Comayagua** auf der 6ta Calle ist die koloniale Variante eines besseren Handelsvertreter-Hotels. Hinter der historischen Fassade verbergen sich geräumige Zimmer mit Fliesen aus dem Baumarkt und Pappmaché-Decken; die Zimmer haben große Balkone mit Blick auf den Pool im recht hübsch gestalteten Hinterhof. Das **Casa Grande** auf der 7ma Calle ist ein echt koloniales Schmuckstück; der Innenhof strotzt vor tropischen Pflanzen und die Zimmer sind mit Stilmöbeln eingerichtet, allerdings ein bisschen gruftig mit winzigen Fensterlein zum Innenhof – das ist Geschmacksache und bauartbedingt; Kolonialhäuser sind nun einmal nicht gerade von Licht durchflutet. Mein persönlicher Favorit ist das ebenfalls antike **Caxa Real** auf der 2nda Avenida; hier ist es den Boutique-Hotel-Machern gelungen, in der ersten Etage freundliche Zimmer mit lauschigen französischen Minibalkonen zu schaffen. Super! Alle drei Häuser nehmen für ein Doppelzimmer um die 40 Euro.

Das **Restaurant Ricardo's** ist ein liebevoll eingerichtetes Lokal mit Kunst und vielen Fotos, ein bisschen Trödel und schönen Fliesen. Das Essen ist ausgezeichnet, der Service stimmt, und schöner liegen könnte diese gastliche Stätte auch nicht: direkt neben der Kathedrale. Ricardo's ist das mit Abstand beste Restaurant in Comayagua. Am **Parque Central** gibt es noch eine Pizzeria im US-Stil mit Pizzen dick wie ein Butterbrot und recht guten Pasta-Gerichten: la Albahaca. Und gegenüber der Kathedrale liegt eine schicke Bar, in der man gepflegt einen heben kann. Die **Villa Real**, ein Block schräg hinter der Kathedrale, ist ein wunderschöner Kolonialbau mit einem traumhaften Patio, in dessen Mitte ein Engel darüber wacht, dass alles seine Richtigkeit hat. Eigentlich ein idealer Platz für ein romantisches Dinner; nur leider funktioniert das Restaurant nicht mehr so recht; man macht auf Karaoke und Disco – auch eine Idee.

Auch für Andenken ist gesorgt, zum Beispiel in dem netten Laden **Souvenirs y Novedades Olayas** auf der Avenida 0 nicht weit vom Zentralplatz, oder in dem Geschäft an der Plaza selbst.

Von Comayagua bis zum Lago Yojoa

Die sich durch die Berge schlängelnde Schnellstraße von Comayagua nach Siguatepeque könnte man auch **Honig- und Keramikstraße** nennen. Rechts und links des Weges stehen Open Air Großmärkte mit außerirdischen Mengen knallbunter Töpferware, dazwischen immer wieder kleine Stände mit leckerem Honig in Flaschen.

Siguatepeque soll in der indigenen Sprache so viel wie der Hügel der (schönen) Frauen heißen. Das ist eine gute Nachricht; denn ansonsten gibt es in Siguatepeque nicht sehr viel zu sehen. Einen Besuch wert ist lediglich der originelle Pavillon am Hauptplatz. Das Ding ist derart surrealistisch konstruiert, dass man sich unwillkürlich in einen Science Fiction mit Außerirdischen und fliegenden Untertassen hineinversetzt fühlt.

Granja D'Elia an der Durchgangsstraße von Siguatepeque kurz vor der Abzweigung nach La Esperanza steht für die edlere Version einer Autobahnraststätte; mangels Alternativen ein guter Ort für eine Verschnaufpause auf dem Weg von Tegucigalpa nach Gracias, Copán Ruinas oder an die Nordküste.

Im Jahr 1969 hat man sie zufällig bei Straßenbauarbeiten gefunden, die Tropfsteinhöhlen **Cuevas de Taulabé** (bei Kilometer 140). Der benutzerfreundliche Teil der Höhle ist mit bunten Farben ausgeleuchtet. Etwa 300 Meter geht es über einen Zementweg in die Erde hinein, vorbei an Stalaktiten, Stalagmiten und kunstvoll von der Natur geschaffenen Formationen. Mit nur ein bisschen Fantasie können Sie

das Gesicht eines Indios, den Flügel eines Engels, einen Hut, das Gewand eines Priesters und vieles mehr erkennen. Wem das alles nicht abenteuerlich genug ist, kann mit einem der dortigen Führer auf einer Extremtour mit Lampe und Helm noch einmal 300 Meter weiter in den finsteren Teil der Höhle eindringen. Niemand weiß, wie groß die gesamte Höhle ist; es gibt Gerüchte, dass sie ganz woanders noch weitere Ausgänge hat, am Lago de Yojoa, in Santa Barbara oder gar in Copán; das ist aber alles eher übertrieben als bewiesen. Die Führer der Cuevas de Taulabé bieten bei Voranmeldung auch Touren in andere, noch nicht wirklich erschlossene Höhlen in der Umgebung an.

Von Siguatepeque kommend geht kurz hinter den Höhlen von Taulabé links ein Sträßchen ab in die Gemarkung. Es führt (noch – eine moderne Betonkonstruktion ist im Bau) über eine fotogen schaukelnde Hängebrücke zu einem freundlichen Dorf mit einem Fußballplatz und einer imposanten Bergkulisse. Es heißt **San José de Comayagua**. Man kommt auch über die Straße nach Santa Barbara dorthin: etwa zehn Kilometer nach der Abzweigung von der Hauptlinie Tegucigalpa – San Pedro Sula bei dem Flecken La Sabana links in den Feldweg abbiegen (nicht ausgeschildert). Von San José aus sind in einer etwa einstündigen Wanderung (am besten nach einem einheimischen Führer fragen) die Höhlen Cuevas del Jute zu erreichen. Oder Sie fahren mit dem Auto von San José zu dem Dorf Azacualpa. Dort gibt es heiße Quellen und eine weitere Höhle, die Cueva de San José de Comayagua.

Am Lago de Yojoa

In der malerischen Landschaft um den **Lago de Yojoa** gibt es selbst Touristen aus der Tierwelt: Hier treffen sich Zugvögel aus Nordamerika mit über 400 einheimischen Vogelarten. Das Klima ist feucht und warm, und die Böden sind fruchtbar. In der Gegend um den Lago de Yojoa wächst so gut wie alles; hier könnte man von den Bäumen leben – nur wer will das heutzutage noch?

Am Lago de Yojoa

Die **Marina Honduyate** am Lago de Yojoa ist ein charmantes, über die Jahre zusammengebasteltes Patchwork aus Yacht- und Fischerhafen, schnuckeligen Häuschen, schnöden Containern, einem Schwimmbad, einem Terassen-Restaurant und einem recht schicken Hotel, der Posada Honduyate (Doppelzimmer ca. 100 Euro). Die beste Option sind die geräumigen Zimmer 5 und 6 mit Traumblick über den See. Die Anlage liegt direkt an der Straße; und so wechselt die Geräuschkulisse. Am Tag brummen die Autos vorbei, in der Nacht quaken die Frösche. Im Restaurant hängen schöne Fotos aus der guten alten Zeit, als es die Straße noch nicht gab und mit einer Fähre über den See gesetzt werden musste. Auf der Speisekarte steht (nicht nur) Fish and Chips; denn der Besitzer von Honduyate ist ein Engländer. Er hat – wie er gerne sagt – „Blood, Sweat and Tears" in die originelle Anlage gesteckt.

Das **Hotel Finca Las Glorias** am Ende des Sees kurz vor dem Örtchen Peña Blanca liegt direkt am See. Es ist liebevoll mit bunten Blumen, alten Autos, Pferdekutschen, Tierfiguren und sonstigem Gartenkitsch ausgestattet. Vor einer schaukelnden Hängebrücke für

Kinder (und Erwachsene) bäumt sich ein lebensgroßes Plastikpferd auf. Echte Pferde gibt es auch. Die Zimmer sind ordentlich (ca. 50 Euro).

Es wirkt etwas fehl am Platze in der malerischen Landschaft, wie die tropische Variante eines Kader-Hotels der DDR, das klotzige **Hotel Brisas del Lago**. Die großen, sauberen Zimmer mit Seeblick kosten ca. 40 Euro.

Der Landschaftspark um die Ausgrabungsstätte **Los Naranjos** ist weitläufig. Um die gesamte Anlage zu besichtigen, sollte man mindestens zwei Stunden mitbringen. Der archäologische Teil ist dabei eher etwas für Altertums-Feinschmecker. Die vermutlich von den Lencas stammenden, bis zu 20 Meter hohen Ruinen sind noch nicht freigelegt und wirken auf den unbedarften Betrachter eher wie gigantische Maulwurfshügel. Viel spektakulärer fand ich den im Jahr 2008 angelegten,

Landschaftspark Los Naranjos

knapp ein Kilometer langen Holzsteg über die in allen möglichen tiefen Grüntönen schimmernde Uferlandschaft des Yojoa-Sees. Nach Los Naranjos geht es in Peña Blanca links ab.

Wie ein Hexenhaus im Dschungel; doch da wohnen keine Hexer, sondern zwei Amerikaner, die Bier brauen; das ist **D&D Brewery** am hinteren Ende des Lago de Yojoa, an der Straße von Peña Blanca nach Las Vegas und El Mochito, nach etwa 4 Kilometern bei dem Schild rechts ab. Das originelle Refugium hat einen Mini-Pool und rustikale Gästezimmer, die nach dem dritten, selbstgebrauten Bier auch für Stadtmenschen ok sind (Doppelzimmer ca. 30 Euro; in Gemeinschaftsräumen kann man für 5 Euro übernachten).

Pulhapanzak ist der berühmteste Wasserfall in Honduras. Er ist 43 Meter hoch und touristisch ausgequetscht wie eine Saftorange: Restaurant, Bungalow-Hotel, Kinderspielplatz, Swimmingpool, Strandbad am Fluss, riesiger Parkplatz und eine Zipline. Mit einem Führer kann man in eine kleine Höhle hinter den in die Tiefe stürzenden Fluten kraxeln – keine Unternehmung für Wasserscheue. Pulhapanzak liegt etwa 15 Kilometer hinter Peña Blanca bei der Ortschaft San Buenaventura; ist ausgeschildert.

Die **Panacam Lodge** liegt oberhalb vom Lago de Yojoa im Nationalpark Cerro Azul Meámbar. An dem Weiler Guama am nordwestlichen Ende des Sees geht es über einen Feldweg sieben Kilometer den Berg hinauf und mitten hinein in den immergrünen Tropenwald mit plätschernden Gebirgsbächen und kleinen Wasserfällen. Die traumhafte Naturwelt voller Orchideen, Frösche und Kolibris können Sie auf gut angelegten Wanderwegen erkunden. Die Bungalows sind geräumig und kosten für zwei Personen etwas mehr als 50 Euro.

Hinter dem Lago de Yojoa schlängelt sich die Straße nach San Pedro Sula ruhig durch das Hügelland; nach etwa 10 Kilometern kommt auf der linken Seite ein **Open Air-Supermarkt für Obst- und Gemüse**. Mehr als zwei Dutzend riesige Stände lassen nicht nur Vegetarierherzen höherschlagen. Danach kommt die längste Gerade von Honduras, die sich wie ein vierspuriges Lineal in die Ebene legt.

Die riesige Talsperre **El Cajón** hat mit ihrem Stausee eins der schönsten Panoramen von ganz Honduras in die Landschaft gemalt. Unbedingt hinfahren! Etwa 15 Kilometer hinter dem Lago de Yojoa geht es auf der langen Geraden rechts ab nach Santa Cruz de Yojoa; dort angekommen an dem großen Kreuz auf der Verkehrsinsel beim Ortseingang links ab. Dann sind es noch etwa 20 Kilometer bis zum Stausee; man muss durch mehrere Militär-Kontrollen und vier Euro Eintritt bezahlen. Das Geld ist gut angelegt!

Etwa 10 Kilometer hinter dem Städtchen Santa Cruz de Yojoa liegt der **Zoo und Freizeitpark Joya Grande** (ausgeschildert). Die Anlage ist in Honduras berühmt berüchtigt, weil sie früher einer der größten Drogenbande des Landes, den Cachiros gehört hat. Linientreuen Tierschützern wird dieser Zoo nicht gefallen, weil die Tiere (viele Tiger, Jaguare und Löwen, auch Giraffe und Zebra sind vertreten) in engen Käfigen leben müssen. Immerhin ist die Anlage recht gut gepflegt, und die Tiere sind wohl genährt.

Was es in der Mitte von Honduras sonst noch so gibt

Das Städtchen **El Progreso** auf dem Weg vom Lago de Yojoa nach Tela bietet einen Blick zurück in die Zeiten der „Bananenrepublik" als es in Honduras noch Eisenbahnen gab. Direkt an der Durchgangsstraße steht ein ansprechend gestaltetes Eisenbahnmuseum mit alten Triebwagen, Schienenbussen und Waggons.

In dem abgelegenen Städtchen **Cedros** fand im Jahr 1824 die erste Abgeordnetenversammlung des unabhängigen Honduras statt. Denn

Im Städtchen Cedros

man konnte sich nicht einigen, ob Tegucigalpa oder Comayagua Hauptstadt werden sollte. Die salomonische Lösung war, zunächst einmal zwei alternierende Hauptstädte zu haben. Erst 1880 wurde Tegucigalpa alleinige Hauptstadt des Landes. In Cedros hat sich in den nächsten fast zwei Jahrhunderten nicht mehr allzu viel getan. Das hat nicht unbedingt geschadet. Cedros steht noch heute da wie in der Kolonialepoche; die Straßen sind gepflastert und die Gebäude stammen fast alle aus der alten Zeit. Von einem Hügel oberhalb des zentralen Platzes haben Sie einen wunderschönen Blick auf ein koloniales Ensemble, das seines gleichen sucht. In dem hübschen Hotelito San José de Cedros können Sie für etwas mehr als 10 Euro übernachten, und gegenüber gibt es einen „Comedor" fürs Abendessen. Sogar mit einem netten Café kann das Örtchen aufwarten. Es lohnt sich also, nach Cedros zu fahren und ein bisschen Kolonialluft zu schnuppern. Von Tegucigalpa sind es nur ca. eineinhalb Stunden – die Straße nach Olancho und hinter Talanga links ab. Knapp 20 Kilometer von Cedros entfernt liegt das Städtchen **Minas de Oro**, benannt nach den Goldminen in der Gegend, die früher einmal sehr ergiebig waren. Minas de Oro hat einen kolonialen Kern, so hübsch wie Cedros ist der Ort indes nicht.

Ganz nett ist auch das Örtchen **Güinope**, von der Straße nach Danlí bei der Landwirtschaftsschule Zamorano rechts ab und etwa 25 Kilometer erst durch die weite Ebene und dann in die Hügellandschaft hinein. Es gibt eine Kirche aus dem Jahr 1821, ein koloniales Rathaus und viel, viel Ruhe. Güinope ist berühmt für seine guten Apfelsinen, und jedes Jahr im März ist Orangenfest; fotogene Orangenhaine habe ich allerdings nicht entdeckt.

Yuscarán ist die Hauptstadt der Provinz El Paraíso. Für eine Provinzhauptstadt ist Yuscarán mit seinen knapp 15.000 Einwohner/innen vielleicht etwas klein, doch das schmucke Kolonialstädtchen ist ein Augenschmaus. Es lohnt sich, einfach einmal durch die lauschigen Gässchen zu streifen und das historische Ensemble auf sich wirken zu lassen. Zu besichtigen ist auch die Schnapsfabrik „Der gute

Geschmack – El Buen Gusto" mit Bienen, die um die Zuckerrohr-Maische schwirren und betagten Fließbändern wie aus einem Charly Chaplin-Film. 180 Leute produzieren jeden Tag 32.000 Liter Schnaps; die Literflasche Yuscarán kostet im Laden nur etwa drei Euro – ein Säufertraum mit 45 Umdrehungen. Der überwiegende Teil der Produktion wird heute in Plastikflaschen verkauft. Doch der Vorabeiter wies bei meinem Besuch darauf hin, dass

ein guter Trinker auch heutzutage noch die Glasflasche vorzieht. Na denn, prost!

In dem improvisierten Museum von Yuscarán ist eine Menge von Kram zusammengetragen worden, der mit der Geschichte des Städtchens zu tun hat. Sehenswert sind die **Gigantes**, riesige, vom Museumsdirektor höchstpersönlich hergestellte Puppen. Jedes Jahr, am vorletzten Wochenende des Monats Juli, findet die Fiesta de los Gigantes statt. Dann tanzen die Puppen durch die Stadt, wie in der Vorstellungswelt der Vorfahren. Früher glaubte man nämlich an Riesen, die Yuscarán von Zeit zu Zeit unsicher machten.

Mal so richtig aufs Land? Fahren Sie nach **Teupasenti**. Von der Straße von Tegucigalpa nach Danlí geht es nach etwas mehr als 60 Kilometern links ab, 29 Kilometer lang in die Gemarkung. Dann sind wir in dem verschlafenen Landeier-Nest mit einem geräumigen, von der Tropensonne verbrannten Zentralplatz, Geschäften mit Gummistiefeln, Kommunionkleidern und Cowboy-Hüten. Am Kopfende der staubigen Plaza eine Kirche, die nicht immer alle Gläubigen fasst. Für

Cowboyland

die, die länger in Teupasenti bleiben möchten, gibt es ein Hotel im Handelsvertreter-Stil mit Swimmingpool. Und es gibt einen hübschen Fluss am Rand des Städtchens, in dem man prima baden kann. Schöner noch ist der Wasserfall Los Chorros mit einer geräumigen Höhle gleich daneben; um dorthin zu gelangen, muss man allerdings etwa 2 Stunden Feldweg fahren und anschließend noch 30 Minuten wandern.

Ein kolonialer Kern, Zigarrenfabriken und ein leuchtend weißes Kreuz auf einem Hügel, das ist das Städtchen **Danlí** an der Straße von Tegucigalpa nach Nicaragua. Am zentralen Platz steht auf der einen Seite eine hübsche Kirche und gegenüber ein imposantes Kolonialgebäude mit hohen Holzarkaden. Hier ist auch ein Gemeindemuseum untergebracht, auf das die Stadt sehr stolz ist. Wer sportlich genug ist, kann in einer guten Viertelstunde zu dem großen, über dem Ort thronenden Kreuz hinaufsteigen und auf Danlí hinunterschauen. In Danlí gibt es eine Reihe von Zigarrenfabriken, die man unter der Woche nach vorheriger Anmeldung besichtigen kann. Die größte von ihnen ist Plasencia mit mehr als 3.500 Angestellten.

Zum Übernachten in Danlí empfehle ich das Hotel **Casa Encantadora** (Doppelzimmer ca. 50 Euro). In dem rustikal gestalteten Hof steht eine ganze Sammlung alter Autos, Motorräder und Drahtsesel. Das originelle Restaurant **El Rancho Viejo** am Ortseingang von Danlí direkt an der Durchgangsstraße ist eine total vertrödelte Retro-Kaschemme, in die man sogar das Vorderteil von einem alten Auto eingebaut hat. Hintendurch sitzen Papagei, Huhn, Hahn und Ziege in ihren Käfigen und schauen dem Gaststättengetriebe zu.

Kuriositäten:

In der Kathedrale von **Comayagua** hängt ein Schild: „Habla al Señor con tu corazón, apaga tu celular – Sprich mit dem Herzen zu Gott und schalte dein Handy aus".

Von Tegucigalpa kommend am Anfang des Lago de Yojoa stehen am Straßenrand sage und schreibe etwa **50 Fischbuden** einträchtig nebeneinander. Und sie stehen vor einem See, der zwar wunderschön aussieht, aber mittlerweile so verschmutzt ist, dass man in ihm nicht angeln sollte. Die wohlschmeckenden Fische kommen aus der kontrollierten Produktion von Fischfarmen. Die vielen kleinen Fischrestaurants sehen alle gleich aus, nur die Namen sind anders, von Las Marías 1, 2, 3 und 4 bis zu Power Fish. Wer den Fisch nicht ganz so von der Stange möchte: etwa 6 Kilometer hinter der Fischbuden-Galerie, kurz vor dem Hotel Honduyate, liegt das Restaurant Rancho Bella Vista, ebenfalls mit schönem Blick auf den See.

Der zentrale Platz des Örtchens **Talanga**, etwa 50 Kilometer nördlich von Tegucigalpa an der Straße in die Wildwestprovinz Olancho liegt nicht so wirklich zentral, sondern ziemlich am Ende der lebhaften Ortschaft. Der Parque Central hat auch keine asphaltierten Straßen, dafür aber mächtige Säulen im griechisch-römischen Freistil, ein nettes Café direkt neben der Stadtverwaltung und eine niedliche **Miniatur-Replik des früheren Präsidentenpalastes** in der Altstadt von Tegucigalpa.

oben: Staudamm El Cajón; unten: Personennahverkehr

5. Schlaglicht
Roatán

Westbay

Malerische Sandstrände mit Palmen, die sich vor dem türkisfarbenen Meer sacht im Wind wiegen; dahinter schier undurchdringlicher, satt grüner Dschungel; Roatán ist ein **romantisches Paradies** wie aus dem biblischen Bilderbuch.

Doch wie das beim Paradies so ist, die Schlange war auch schon da. Je nach Wetterlage verwandelt sie sich in Millionen von Stechmücken und Sandflöhen. Die kleinen Teufelchen warten vorzugsweise spätnachmittags und abends nur darauf, dass die Menschen ihre Hotelzimmer verlassen und schlagen zu. Doch keine Sorge, mit chemischen Kampfstoffen wie Autan oder Off sind weitgehend ungetrübte Ferien möglich. Bei manchen Leuten reicht auch die Einnahme von

Vitamin B. Es können auch Wochen vergehen, in denen die Plagegeister selber Urlaub haben. Dann ist das Paradies perfekt.

Roatán hat **Schatzinsel- und Piratenflair**. Tatsächlich haben im 16ten, 17ten und 18ten Jahrhundert hauptsächlich britische, aber auch französische und holländische Piraten von Roatán aus ihr Unwesen getrieben und reihenweise spanische Schiffe voller Gold, Silber und sonstigen Kolonialwaren aufgebracht. Zeitweise soll es 5.000 Freibeuter auf Roatán gegeben haben, unter ihnen angeblich auch Piraten-Star Henry Morgan; doch so genau weiß man das nicht. Es könnte sein, dass die Hauptstadt Coxen Hole nach dem britischen Piraten John Coxen benannt ist, aber so genau weiß man auch das nicht. Heute sind die Freibeuter auf jeden Fall bunte Werbeträger für Rum, für Hotels, Restaurants und Strandbars. Zumeist sind es jene Piraten mit Augenklappen, Holzbeinen und Hakenprothesen, denen neben ihrem Platz in der grausamen Weltgeschichte eigentlich auch ein Behindertenausweis zugestanden hätte. Die Spanier hatten in der Kolonialzeit indes mit Behindertenschutz noch nicht viel am Hut. Man machte „klar Schiff"; Mitte des 18ten Jahrhunderts wurden die lästigen Freibeuter vertrieben, und die Insel stand eine Zeitlang leer – eine Lösung, die ökologisch vielleicht gar nicht so falsch war. Gegen Ende des Jahrhunderts wurde auf der damals britischen Insel St. Vincent die Sklaverei abgeschafft. Einige der freigelassenen Leibeigenen ließen sich in Punta Gorda an der Nordküste von Roatán nieder; es sind Menschen afrikanischer Abstammung, deren Nachfahren sich heute Garífunas nennen.

Für Ihren Urlaub in Roatán haben Sie im Prinzip zwei Optionen. Entweder Sie gehen in eins der vielen, recht abgelegenen, zum Teil sehr schönen **Resorts**. Dort ist man sozusagen abgemalt im Paradies, was ja durchaus seinen Reiz haben kann. Oder: Wer lieber touristisches Getriebe mit Geschäften, Restaurants, Cafés und Kneipen haben möchte, gehe nach **West End** oder nach **West Bay**. Von den beiden hübschen Ferienorten ist West End die rustikalere Variante mit leicht alternativem Touch und West Bay die schickere Version mit dem besse-

Kreuzfahrtschiff im Hafen von Coxen Hole

ren Strand. Die übrigen Ortschaften einschließlich der Hauptstadt Coxen Hole haben einen eher langweiligen Charme, so wie ihn Castrop-Rauxel für japanische Touristen haben mag.

In Roatán wird fleißig in den **Fremdenverkehr** investiert. Mit dem Infinity Bay in West Bay und dem Parrot Tree Beach Resort im Süden sind Hotels einer neuen Generation entstanden, die in jeder Hinsicht europäischen 4-Sterne-Komfort bieten. Die staubige Hauptstraße von West End wurde gepflastert und in eine hübsche Promenade verwandelt. In Dixon Cove ist ein zusätzlicher Hafen für große Kreuzfahrtschiffe gebaut worden. In dem neuen Erlebnispark Gumbalimba bei West Bay warten Papageien und Leguane, ein Swimmingpool, Dschungelpfade und eine Tarzanbrücke auf die Besucher/innen; per Conopy-Seil kann man durch die Urwald-Baumkronen jagen.

Highlights:

Roatán ist ein wahres **Unterwasserparadies**. Eins der größten Korallenriffe der Welt legt sich wie ein Gürtel um die Insel; die Korallen sind noch gut erhalten und die Preise der Tauchschulen ausgesprochen gemäßigt. An den richtigen Stellen eröffnet sich bei richtigem Licht und geringer Strömung unter der Wasseroberfläche eine bunte Erlebniswelt aus Korallen und Fischen, in der alle Farben von Las Vegas leuchten. Die Tauchschulen können Ihnen sagen, wo gerade das farbenprächtigste Schauspiel mit Schnorchel oder Flasche zu entdecken ist. Es gibt ganze Korallen-Landschaften unter Wasser, Schluchten, Steine, Riffs und Sandbänke, bis zu 40 Meter hohe Wände, Felsen und Höhlen, Korallen, die hier wie Kakteen oder Farne, dort wie Pilze und Blätter, manchmal wie Bonsai-Bäume aussehen. Und durch diese unwirkliche Zauberwelt schweben die Fische, mal knallig bunt, mal im dezenten Grau, ma dick, mal dünn, mal flach und mal lang. Je tiefer man taucht, desto dichter wird der blaugraue Schleier, der sich über das Ganze legt, bis irgendwann auch der bunteste Fisch so farblos ist wie eine Katze in der Nacht. Für Abenteuer-Taucher gibt es eine Reihe von untergegangenen Schiffen, bei French Harbour sogar ein kleines, ins Meer gestürztes Flugzeug zu entdecken. Die Reste des Fliegers liegen ganz in der Nähe des mit prächtigen Korallen bewachsenen Wracks der Prince Albert.

In Roatán sind **Langusten** noch erschwinglich; in gewöhnlichen Mittelklasse-Lokalen werden sie als feines Tellergericht unter 20 Euro angeboten. Wie lange das der Lebenserwartung der Gattung gut tut, das müsste man indes einmal genauer betrachten.

Tipps:

Am südwestlichen Ende des herrlichen Strandes von West Bay liegt

Abendstimmung bei West End

das **Infinity Bay**, modern, schick und geschmackvoll. Hier erinnert höchstens der Service daran, dass wir doch eigentlich in einem Entwicklungsland sind (Doppelzimmer bzw. Studio ab 90 Euro, je nach Ausstattung und Saison, meist über 200 Euro, kann aber auch noch teurer sein).

Im Banarama-Hotel-Komplex in West Bay verbirgt sich hinter dem Strand ein lauschiges Hexenhäuschen für Genießer: das Restaurant **Vintage Pearl**. Toller Service, eine Weinkarte, die das Herz höherschlagen lässt, eine Präsentation, die das Auge mit essen lässt und exquisite Rezepte – und wenn sie dem Koch immer hundert Prozent gelingen würden, wäre der Gourmet-Tempel komplett. Doch auch so ist das Vintage Pearl einen schönen Abend wert.

Zum Paradise Oceanic Hotel in West Bay gehören die **Cayuco Beach Bar** direkt am Strand und der Italiener **Il Pomodore** hinten durch im Garten. Zwei empfehlenswerte Lokale mit einer gemeinsamen Karte, auf der es Karibisch-Internationales, aber auch Pizza und Pasta gibt. Alles frisch und lecker gekocht.

Das **Mayan Princess** war eines der ersten Hotels in **West Bay** und zählt auch heute zu den besten; solide gebaut, mediterraner Stil, sehr komfortabel und mit einer hübsch gestalteten Poolanlage. Das Haus ist gut geführt, das Personal ist freundlich. Ein Frühstück mit Karibik-Flair an den Tischen direkt am Strand ist möglich (Doppelzimmer ca. 130 Euro, Ostern und Weihnachten deutlich mehr).

Gleich daneben liegt das **Henry Morgan**, ein geschmackvolles Hotel mit gutem Standard für alle, die die karibische Kuschelholz-Variante vorziehen (Doppelzimmer all inclusive ca. 220 Euro, in der Hochsaison mehr).

Das traditionelle **Foster's West Bay Resort** etwas weiter im Nordosten von West Bay hat für Freunde/innen des Besonderen ein schwankendes Baumhaus, in dem man übernachten und den neuen Tag mit einem Rundum-Blick über Strand und Meer begrüßen kann – ein Feeling, wie es sonst nur ein kleiner Vogel im Nest hat (Doppelzimmer ca. 70 Euro; das Baumhaus ist sogar noch billiger; Weihnachten oder Ostern ist alles viel teurer).

Am nordöstlichen Strandende von West Bay thront auf einem Holzdeck über dem Meer das Restaurant **Bite on the Beach**. Das Essen ist gut, und die Aussicht über den Strand und das Meer ist phänomenal. Direkt dahinter steht das von Italienern geführte Bungalow-Hotel **Las Rocas** (Doppelzimmer ab 60 Euro) mit einem standesgemäß italienischen Restaurant.

Auf halbem Wege zwischen West End und West Bay steht am Straßenrand ein luftiges Gerippe namens **Lighthouse**. Es ist aber kein Leuchtturm; es ist ein Guck-ins-Land für Touristen. Von oben kann man sehr schön sehen, mit welch dichter, sattgrüner Dschungelmatte die hügelige Pirateninsel bedeckt ist.

Zu empfehlen ist die **Strandwanderung von West Bay nach West End** oder umgekehrt. Ungefähr in der Mitte des Weges geht es über eine ziemlich hohe, spindelige Stahlbrücke, von der man ein prima Foto von der hübschen Küstenlinie schießen kann – oder einfach die Aussicht genießen. Für alle, die nicht so gut zu Fuß sind oder keine Lust zum Laufen haben, fahren sehr preisgünstige Wassertaxis zwischen den beiden Orten (ca. 4 Euro). Die Bötchen sind auch eine charmante Alternative zu den viel teureren Taxis; sie verkehren allerdings nur bis zum Einbruch der Dunkelheit.

Unter den vielen, eher einfachen Hotels in West End ist mir die etwas verwunschene, in einen tropischen Garten gekuschelte **Posada Arco Iris** direkt in der Mitte der Half Moon Bay aufgefallen (Doppelzimmer ca. 45 Euro). Zum Hotel gehört ein sehr gutes **argentinisches Restaurant**, das auch ein paar Tische direkt auf den kleinen Strand der Bucht gestellt hat. Bei flackerndem Kerzenschein plätschern die Wellen sachte auf den Sand, und ab und zu lugt ein unschuldiger Krebs aus seinem Loch, ohne zu ahnen, dass hier auch Meeresfrüchte gegrillt werden. Die Kellner/innen sind manchmal etwas schluffig – doch das Essen ist einfach Spitze und noch dazu sehr preisgünstig. Wo kriegt man noch Surf and Turf – ein echtes!! Filetsteak mit einem meeresfrischen Langustenschwanz für etwas mehr als 20 Euro?

Das **Lighthouse Restaurant** ist eine Institution in West End, eine romantische Großbretterbude direkt über dem Meer mit Niveau und Geschmack; wie wäre es zum Beispiel mit gegrilltem Thunfisch mit Ananas-Chutney, Ingwer und Wasabi, dem japanischem Meerrettich – einfach köstlich!

Die Mona Lisa aus dem Louvre hat eine Taucherbrille auf und bietet Pizza an – das ist die Reklame des Lokals **Blue Channel** an der seit neuestem asphaltierten Hauptstraße in West End. Doof? Vielleicht, doch die „echt italienische Pizza" ist gut gemacht, vielleicht die beste auf Roatán, und die Bedienung ist sehr freundlich. Ein paar Häuser weiter charmant, strohgedeckt und schon seit 1996 da: das **Cannibal Café**; mexikanische Küche, auf der Karte steht aber auch der **Feuerfisch**, jener mit seinen bunten Stacheln durchaus gut aussehende Fisch, der alle anderen Fische verdrängt und sogar die Korallen beschädigt. So ist es eine gute Idee, wenn der Mensch ihn verspeist, und gut schmecken tut der Feuerfisch auch; sehr herzhaftes Fleisch.

Am westlichen Ortsausgang von West End gibt es zwei **Gaststätten** ganz aus Holz, die auf einer Art Pier sozusagen **mitten ins Meer gebaut** sind; sehr stimmungsvoll, vor allem beim Sonnenuntergang.

Sandy Bay hat einen schmalen Sandstrand mit Palmen und Mangroven, den ich irgendwo zwischen malerisch und versifft einordnen würde. Das wunderschön gelegene **Anthony's Key Resort** etwas östlich von Sandy Bay hat eine mehr als 30jährige Tradition, eine eigene Insel, attraktive Holzbungalows (pro Person ab 150 Euro, Essen, Tauchen und Delfin-Show inklusive) und hohen Unterhaltungswert für seine Gäste. Zum Resort gehören zwei hauseigene Schiffswracks zum Abenteuer-Tauchen. Die im Jahre 2002 gesunkene, mehrstöckige Odyssey ist so riesig, dass die Froschmänner sich in ihrem 300 Meter langen Rumpf glatt verirren können. Die kleinere El Águila war ursprünglich ganz woanders gesunken und ist später als zusätzliche Attraktion in die Nähe des Anthony's Key Resort gebracht worden. Freitags, samstags und sonntags gibt es eine Delfin-Show für ca. 5 Euro. Für 65 Euro darf man sogar mit den gelehrigen Tieren gemeinsam schwimmen – Flosse geben und Küsschen inklusive; ob auch die Delfine das sexy finden, weiß ich nicht.

Perspektive-Wechsel: **French Harbour** an der Südküste, eine richtig schön schmuddelige Hafenstadt mit rostigen Kähnen und windschiefen Holzhäusern, vor denen die Wäsche in der vom Schiffsdiesel getränkten Brise des Meeres flattert. Über dem brackigen Wasser schwebt die Terrasse des **Gio's**, einem der renommiertesten Fischrestaurants der Insel. Weithin bekannte Spezialität des Hauses sind die Königskrabben, die bereits Julio Iglesias und andere Prominente probiert haben. Ob das Lokal wirklich so exquisit ist wie sein Name und einige seiner Gäste, darüber gehen die Meinungen freilich auseinander.

Im Hafen der Hauptstadt Coxen Hole legen fast täglich riesenhafte **Kreuzfahrtschiffe** an. Hinter den kleinen Hafengebäuden sehen sie aus wie aus einer anderen Welt, die viel größer sein muss als unsere; dabei gar nicht mal elegant, eher klobig, wie ein vielfach aufgeblasener Reisebus. Mit Kabinen für 2.000 bis 4.000 Passagiere zuzüglich Besatzung erinnern sie schon ein wenig an großindustrielle Legehennen-Batterien, und ich frage mich, ob das noch artgerechte Unter-

Leguan vor dem Andenkenladen

bringung von Touristen ist. Tradition hat so eine vergnügliche Massenhaltung auf hoher See ja durchaus – bereits die legendäre Titanic hatte auf ihrer tödlichen Jungfernfahrt über 2.200 Personen an Bord; zugelassen war sie für 2.400 Passagiere plus Besatzung.

An der Südküste etwa 10 Kilometer östlich von Coxen Hole sind kurz hinter French Harbour auf der **Iguana-Farm** Leguane zu bestaunen – auf die Gefahr hin, dass man die teilweise mehr als anderthalb Meter langen Urviecher bald über hat; denn es sind über 4.500 Tiere, die überall, selbst vor dem Andenkenladen herumlungern. Etwas lebhafter als die Echsen ist der Klammeraffe im Käfig; und in einem Meerespool liegen Barrakudas auf der Lauer. Ein netter, alter Herr ist gerne bereit, den Besucher/innen diese kleine Welt der Tiere zu erläutern (Eintritt 7 Euro).

Das **Fantasy Island Beach Resort** im Süden etwa 12 Kilometer östlich von Coxen Hole steht tatsächlich auf einer kleinen Insel, anscheinend schon etwas länger. Und so ist eine Mischung aus sonnendurchflutetem Urlaubstraum und leicht modriger Holz-Patina entstanden. Der olle Speisesaal gibt eine Prise Tropen-DDR hinzu (75 Euro pro Person, bei All inclusive 115 Euro).

Da ist das neue **Parrot Tree Beach Resort Marina** auch an der Südküste von ganz anderem Kaliber: ein luxuriöses Karibikparadies mit

Jachthafen und einem Sandstrand an einer künstlich angelegten Lagune. Dahinter liegt ein hoteleigenes, mit Dschungelpfaden durchzogenes Tropenwäldchen, in dem Leguane dösen, blaue Riesenkrebse herum tapern und Guatusas genannte Nagetiere hintereinanderherlaufen. So etwas gibt es normalerweise nur als werbewirksame Illusion in nicht ganz ehrlichen Ferienprospekten; hier existiert es wirklich (Bungalow zwischen 140 und 190 Euro pro Nacht – manchmal gibt es günstigere Sonderangebote).

Das Städtchen **Oak Ridge** an der Südküste ist einer jener Orte, an denen einfaches Leben noch etwas Malerisches hat. Nur, mal mit dem Auto hinfahren ist eine Sache. Wirklich eindrucksvoll ist die Fahrt mit dem Bötchen, zuerst vorbei an den vielen bunten Häusern, die auf Holzpfeilern aus dem Wasser ragen, und dann hinein in die **Mangroven**. Es geht unter einer kleinen Brücke hindurch in die Kanäle, und plötzlich habe ich mich gefragt: bin ich denn hier im Spreewald? Karibische Mangroven und europäische Moore mögen als Landschaftsformen so gut wie nichts miteinander zu tun haben; doch so manches Foto im Zwielicht der nachmittäglichen Sonne könnte hier wie dort

Karibischer Spreewald

gleichermaßen entstanden sein. Dem Mangrovenausflug gebe ich gut und gerne 5 Stimmungssterne. Am Hafen warten immer ein paar Schiffer, die Ihnen diesen außergewöhnlichen Trip für etwa 20 Euro anbieten.

Punta Gorda im Nordwesten der Insel ist ein geschichtsträchtiger Ort, an dem Ende des 18. Jahrhunderts von St. Vincent kommende, ehemaligen Sklaven, die Garífunas siedelten. Heute stehen noch ein paar strohgedeckte Hütten dort – ansonsten sieht Punta Gorda genauso aus wie andere Dörfer auf Roatán auch. Im Garífuna-Zentrum Yübu an der Straße von French Harbour nach Puntagorda können Sie mehr über die Kultur und die Geschichte der Garífunas erfahren. Es ist der Volksgruppe tatsächlich gelungen, über weit mehr als zwei Jahrhunderte große Teile ihrer afrikanischen Kultur und Wurzeln in der Ferne zu erhalten. So lohnt es sich, im Kulturzentrum oder auch anderswo eine der Garífuna-Tanzaufführung anzuschauen. Ich fühlte mich in meine Afrika-Zeit zurückversetzt, so authentisch kam das rüber.

Die **Kleiderordnung** der Insel ist absolut leger; Shorts, T-Shirts und Strandkleidchen reichen selbst am Abend völlig aus. Modebewusste können vielleicht noch ein paar Badeschlappen von Yves Saint Laurent anlegen, aber dann ist es auch wirklich gut.

Taxis gibt es auf Roatán genug, nämlich über 400 Stück. Sie sind nicht ganz billig; das kurze Stück von West Bay nach West End kostet beispielsweise 10 bis 15 Euro. Man kann allerdings ein bisschen handeln. Wir haben gute Erfahrungen damit gemacht, uns von einem sympathischen Taxifahrer die Handynummer geben zu lassen. Der war dann immer schnell zur Stelle oder schickte einen Kollegen, mit dem dieselben Preise als ausgemacht galten.

Es lohnt sich, auf Roatán ein **Auto zu mieten**. Die Insel ist schön, die Straßen sind gut, doch nicht überall fahren Busse hin, vor allem nicht sehr häufig. Der schwergewichtige Kanadier Murray Russ hat eine gut funktionierende Autovermietung mit Büros in West End und in West Bay; ein PKW kostet 50 Euro pro Tag; www.captainvans.com.

Wer keine Lust zum Schnorcheln oder gar zum Tauchen hat, kann es mit einem **Glasbodenboot** versuchen und von dort aus einen bescheidenen Blick auf die Korallen werfen. Die knallbunten Paradies-Blicke aus den Taucher-Prospekten kann man von so einem Gefährt allerdings nicht ergattern. Da der Schiffsmotor immer ein bisschen Sand aufwirbelt, kommt die Unterwasserwelt ziemlich trübe rüber.

Auf Roatán wird **Spanisch** und **Englisch** gleichermaßen gesprochen: das ist praktisch und liegt daran, dass die Insel bis Mitte des 19ten Jahrhunderts eine britische Kolonie war. Vor allem wenn sie britische Vorfahren haben, werden die Insulaner gerne Caracoles genannt. Das bedeutet soviel wie Schnecken oder auch Muscheln und kann bisweilen etwas despektierlich klingen.

Bezahlen kann man auf Roatán sowohl mit honduranischen Lempiras als auch mit dem US-Dollar. Auch sonst ist der amerikanische Einfluss sehr ausgeprägt; es soll in den USA Reiseveranstalter geben, die Reisen zu den Bay Islands (Roatán, Utila, Guanaja) anbieten, ohne darauf hinzuweisen, dass die Inseln zu Honduras gehören.

Auf Roatán kann man sich freier und unbesorgter bewegen als an den meisten Orten auf dem Festland. **Überfälle** sind **ziemlich selten**, doch sie kommen vor. Deshalb sollte man keine Nachtwanderung von West End nach West Bay oder umgekehrt machen. Aber wer geht auch schon in einem fremden Land im Dunkeln von einem Strand zum anderen?

Kuriositäten:

Am östlichen Ende der Half Moon Bay in West End hat der Amerikaner Karl Stanley das **„Roatán Institute of Deepsea Exploration"** gegründet. Das Institut besteht aus einem selbst gebastelten, gelben U-Boot, das aussieht wie aus einem Daniel Düsentrieb-Comic. Doch das seltsame Ding kann sage und schreibe 600 Meter tief tauchen, und dem Vernehmen nach ist dabei auch noch nie ein Unglück passiert. Damit es in den Tiefen des Meeres nicht langweilig wird, führt das U-Boot eigens für die hungrigen Haie einen Schweinskopf zum Knabbern mit. Ganz billig ist so ein Abenteuer indes nicht: es kostet um die 400 Euro pro Person.

Bei Sandy Bay steht oben an der Straße ein riesiges Schild, das den Weg zur **Sand Castle Library** weist. Das Schloss entpuppt sich als eine winzige Mittelalter-Attrappe, in der ein paar Schmöker, Kinderbücher und zwei oder drei Computer auf die großen und kleinen Gäste warten. Der Raum erinnert ein bisschen an die Alternativ-Familien-Stuben in Berlin Prenzlauer Berg.

Auf der Straße von French Harbour nach Punta Gorda und nach Oak Ridge gibt es einen **Aussichtspunkt** mit einem Denkmal. Der Blick über die Insel ist klasse, doch das Denkmal erinnert einfach nur an den Bau der Straße.

Für Freundinnen und Freunde des Geheimnisvollen, des Morbiden und des Rostigen: bei Dixon Cove an der Südküste, gleich neben dem neuen Hafen für Kreuzfahrtschiffe ragt ein mächtiges **Wrack** in die Bucht. Es sieht aus, als hätte das unglückliche Schiff versucht, seine Fahrt auf Land weiter zu führen. Ein sehr fotogenes Gerippe, aber vielleicht keine vertrauensbildende Maßnahme für die Kreuzfahrt-Touristen. Ein paar hundert Meter weiter westlich liegt ein weiteres, nicht so imposantes Wrack vor der Küste. Die beiden Schiffe sind bereits vor ziemlich langer Zeit havariert, wahrscheinlich in den 1970er Jahren. Im Internet wird dazu eine Menge digitales Seemannsgarn gesponnen: von Stürmen, abenteuerlichen Rettungsversuchen, Versicherungsbetrug bis hin zur Verstrickung in den Nicaragua-Krieg.

Guatusas, auch Agutis genannt sind eine Art Buschratten ohne Schwanz, die gerne Nachlaufen spielen. Ich habe sie auf dem Gelände des Fantasy Island Beach Resort beobachtet und mir frei nach Darwin überlegt, ob die Schwänze sich über die Generationen zurückgebildet haben, weil die albernen Tierchen sie sich beim Nachlaufen immer abgebissen haben.

Faszinierende Unterwasserwelt (von links):
1 French Angel Fish; 2 Honycomb Cawfish; 3 Elkhorn Coral; 4 Gehirnkorallen

6. Schlaglicht
Die anderen Karibik-Inseln

Guanaja

Nicht nur die weithin bekannte Paradiesinsel Roatán, auch Utila, Guanaja und die 15 Cayos Cochinos sind von herrlichen Korallenriffen umschlossen. Alle sind anders und haben jeweils ihren ganz eigenen Charme: der Hippie-Spot Utila, das Am Ende der Welt-Eiland Guanaja und die winzigen Cayos Cochinos mit dem Robinson Crusoe Effekt.

UTILA

Auf Utila kam bei mir das Gefühl auf, unter den Enkelkindern der Kinder von Torremolinos zu sein. Hier gibt es Leute, die als Touristen kamen und einfach dageblieben sind, in einer kleinen Welt von nur elf an fünf Kilometer, in der man herrlich abhängen und glücklich in den Tag hinein lächeln kann. Und wem das zu eng wird, der taucht einfach mal wieder ab. Das Inselchen hat traumhafte Korallenriffe mit einer kaum zu schlagenden Unterwasserwelt, und das zu äußerst günstigen Preisen – ein Taucher- und Hängematten-Paradies für den kleinen Geldbeutel. Als man mir davon erzählte, dass es auf der schönen Insel auch Menschen mit Inselkoller und/oder Depressionen geben soll, musste ich an jenen schrägen Aussteiger-Roman denken, der in den 1980er Jahren auf der Kanaren-Insel La Palma spielt: „Noch ein verdammter Tag im Paradies".

Highlights:

Der **Walhai** ist ein riesenhaftes, sehr seltenes Tier, das sich gerne vor der Nordküste von Utila aufhält, dort, wo keine Hotels stehen. Freunde von mir haben so einen gut und gerne 12 Meter langen und 10 Tonnen schweren Unterwasser-Zeppelin nach vier Wochen auf Utila und vier vergeblichen Tauchgängen schließlich doch noch von ganz nahe zu Gesicht bekommen. Ein großartiges Erlebnis – da muss man sich als Taucher/in ganz schön klein und nichtig vorkommen. Gott sei Dank sind Walhaie friedfertige Geschöpfe und essen am liebsten nur Plankton.

Das Utila vorgelagerte **Water Cay** ist ein Eiland im wahrsten Sinne des Wortes, ein ovales, nur etwa 100 Meter langes Inselchen, das Robinson-Gefühle aufkommen lässt. Ein fast weißer

Strand, Palmen und ein paar Bäume, auf denen die Pelikane hocken. Im seichten Meer tummeln sich tausende, wenn nicht Millionen silbrig glänzende Fischlein im Tapas-Format. Auf der dem Bootsanleger abgewandten Seite schweben größere, farbenfrohe Fische durch eine surreale Korallenwelt aus bunten Fächern, Bonsai-Bäumchen und unwirklichen Schluchten.  Die Unterwasser-Landschaften sind dabei nicht ganz so bunt wie in den Werbeprospekten; der bläulich grüne Schleier, den das Meer über sie legt, gibt ihnen etwas Geheimnisvolles. Auf Schädel-großen Halbkugeln entdeckte ich Reliefs, die an die Stelen der Mayas erinnern. Es sind Gehirnkorallen, bei denen man sich mit ein bisschen Fantasie vorstellen kann, dass die Menschheit in ihrer Frühgeschichte einmal unter Wasser gelebt hat.

Auf dem Weg zum Water Cay empfehle ich eine Rast auf dem bewohnten **Pigeon Cay** zu machen und im Cay View Restaurant ganz cool einen Lobster-Burger zu bestellen – ist doch mal was anderes. In einem Fischbecken am Ufer können Sie schnittige Barrakudas, Meeresschildkröten und eine Art tropischen Silvesterkarpfen bewundern. In den Hotels und Tauchschulen ist man gerne bereit, preisgünstige Touren zu den kleinen Inseln zu organisieren. Noch intensiveres Robinson-Feeling gefällig: Die privaten Inseln **Sandy Cay** und **Little Cay** kann man mieten und dort in einfachen Unterkünften übernachten – jedes der Inselchen hat nur ein Haus.

Tipps:

Vom Hafen in La Ceiba (ein paar Kilometer östlich vom Zentrum) fährt zweimal täglich eine kleinere **Passagierfähre** nach Utila, morgens früh und nachmittags. **Flüge** zur Insel gibt es von Tegucigalpa, San Pedro Sula, La Ceiba und Roatán (Fluglinien Sosa und

Karibik pur

CM). Außerdem wird Utila von kleinen Privatmaschinen angeflogen. Manchmal haben sie auch Drogen geladen. 2009 ist so ein Transport schief gegangen; ein kleines Kurier-Flugzeug krachte in das Gestrüpp neben der Landepiste und diente dort eine Zeitlang als Touristenattraktion. Leider hat man das originelle Fotomotiv mittlerweile weggeräumt.

Auf der Insel gibt es nur eine Stadt; das ist **Utila Town**, manchmal auch East Harbour genannt. In dem Städtchen spielt sich fast alles auf einer schmalen Straße ab, die hinter dem Ufer entlangläuft. Restaurants, Kneipen und Tauchschulen reihen sich aneinander; alles im kuscheligen Bretterbuden-Stil der Karibik. Autos gibt es so gut wie keine. Angesagtes Verkehrsmittel sind Dreirad-Tuktuks und Golfkarren. Wenn die Fähre ankommt oder sonst etwas los ist im Dorf, kriegen selbst diese Kleinstgefährte einen Stau hin.

So klein Utila auch sein mag, die Insel hat für fast jeden Geschmack ein ansprechendes Hotel. Für Dschungel-Menschen: das **Mango-Inn**, ein lauschiges Holzhotel, mitten in Utila Town und doch umwuchert von tropischen Pflanzen. Einen kleinen Pool gibt es auch (Doppelzimmer 40-120 Euro je nach Ausstattung, Betten im Schlafsaal für 10 Euro). Für Meeresanbeter/innen: das **Lighthouse Hotel** auf Stelzen vor der Küste von Utila-Town (Doppelzimmer ca. 50 Euro). **Auch Trudy's Hotel** (ca. 45 Euro) und die **Utila Lodge** (ca. 60 Euro) liegen direkt am Wasser; beide haben eine eigene Tauchschule; das Trudy's noch dazu sehr leckeren Kaffee und einen kleinen Strand mit Hängematten – Karibik pur! Mir hat auch das **Colibri Hill Resort** sehr gut gefallen, im Südstaaten-Stil mit herrlichen Veranden, unter österreichischer

Utila Town

Leitung, mit kleinem Pool, ein paar Schritte oberhalb des Ortes, schöner Blick (Doppelzimmer ca. 35 Euro). Daneben gibt es in Utila noch eine Vielzahl kleinerer Hotels und Pensionen mit kleinen Preisen, auch günstige Ferienwohnungen verschiedenen Kalibers. Kostspieligere Tauchresorts (Laguna Beach Resort, Utopia Village) liegen außerhalb von Utila Town.

Ein gutes Frühstück gibt es bei **Munchies** auf einer heimeligen Holzterrasse an der Hauptstraße. Spitze ist das thailändische Restaurant **Foo King Wok**, bei der auf einem Holzsteg übers Meer gebauten **Tranquila-Bar**, dem Inseltreff mit Sonnenuntergängen, die die Seele streicheln. **La Piccola**, ganz in der Nähe des Hafens an der Hauptstraße, ist das einzige „richtige" Restaurant Utilas, kein karibischer Blumenkinder-Stil und gute italienische Küche, sogar eine Weinkarte. **Pizza Nut**, an der Hauptstraße ein paar hundert Meter östlich vom Bootsanleger, ist eigentlich nicht mehr als eine Bretterbude mit billigen Holztischen und Schemeln davor. Besteck gibt es nur auf Nachfrage; die Getränke kauft man sich selbst im Tante Emma Laden nebenan – und dennoch schlägt Pizza Nut die Pizza Hut-Kette um Längen. Denn hier schmeckt die Pizza wirklich, einfach himmlisch gut.

Auf dem Sträßchen vom Bootsanlegesteg hoch zum Mango Inn liegt auf der rechten Seite **Utila Art Space**, ein kleines Museum für ansprechende, moderne Kunst.

1998 sank vor der Bucht von Utila Town die **Halliburton**, ein Frachter mit großer Tonnage. Es geschah absichtlich, doch es war kein Versicherungsbetrug. Das über 30 Meter lange Schiff begann unter Wasser sein zweites, ganz legales Leben als Attraktion für Taucher und für Korallen, die auf versenkten Schiffen besonders gut wachsen.

Der berühmte **schwarze Leguan** auf Utila ist selten und vom Aussterben bedroht, im Vergleich zu den stattlichen, grünen Leguanen auf Roatán jedoch ein eher unscheinbarer Geselle. Besuchen kann man ihn in der von der Frankfurter Zoologischen Gesellschaft unterstützten Iguana Research and Breeding Station nördlich von Utila Town.

Die Einheimischen auf Utila sprechen ein für Oxford-Absolventen kaum verständliches **Karibik-Englisch** – mit Spanisch kommt man aber auch durch.

Der Name **Bodden** ist auf Utila häufiger als Schmitz in Köln. Es sind die Nachfahren britischer Siedler, die sich schon in grauer Vorzeit in der heutigen Steueroase Cayman Islands angesiedelt haben; später sind die Boddens nach Roatán, nach Utila und auch an die honduranische Mosquitia-Küste gelangt.

Kuriositäten:

Jade Seahorse, das Seepferd aus Jade – oder wenn Recycling Kunstvolles gebärt. Eine wunderliche Anlage, irgendwo zwischen Kitsch und architektonischem LSD-Trip. Sie betreten eine tausendfach funkelnde, fast irreale Märchenwelt. Bei genauerem Hinsehen bemerkt man, dass ein großer Teil der glitzernden Pracht aus der Wertstofftonne kommt: zerbrochene Spiegelein, buntes Flaschenglas und Scherben von Tassen und Tellern, verstummte Transistoren und die Innereien von ausgedienten Computern, Murmeln und bizarre Figürchen. Im Jade Seahorse kann man recht komfortabel wohnen (eine „Nachtland-Kabine" kostet ca. 80 Euro); oder einfach nur hindurch spazieren und vielleicht in der Baumhaus-Bar **Treetanic** zwischen Masken, Lampions und Diskokugeln einen Drink schlürfen.

Abendstimmung in Guanaja

Alki- und Stimmungs-Highlight: die abgefahrene **Skidrow Bar**, wo manche sich schon zum Frühstück ein Bier reinziehen. Und wer sich vier Guifity reinpfeift, kriegt ein T-Shirt. **Guifity** ist der ursprünglich nach einem Rezept der afrohonduranischen Garífunas gemachte Inselschnaps und schmeckt wie Fernet Branca light. Kräuter, Wurzeln, angeblich auch ein bisschen Marihuana werden mit dem milden und bekömmlichen Billig-Rum „Ron Plata" aufgegossen. Die Garífunas gießen mit Fusel auf; Snobs würden einen mindestens 20 Jahre alten Rum nehmen. In der Skidrow Bar gibt es übrigens auch gute Pizzen und andere leckere Gerichte. Der Laden liegt westlich vom Bootsanleger an der Hauptstraße.

Suchen Sie mal bei youtube das Video **„If you come to Utila"**; ein lustiger Inselsketch im Ballermann-Stil. Nach dem dritten Guifity kommt der schräge Alk-Rap noch besser; nach dem fünften Inselschnaps lacht man sich schlapp.

GUANAJA

Am 30.7.1502 „entdeckte" Kolumbus (die Einheimischen kannten es ja schon) das heutige Honduras. Er landete auf seiner vierten und letzten Amerikareise an der Playa del Soldado auf Guanaja und nann-

te das 18 an 5 Kilometer kleine Eiland Pinieninsel (Isla de los Pinos). Dann segelte er weiter nach Trujillo.

Guanaja ist die abgelegenste, vielleicht die schönste, auf jeden Fall aber die kurioseste der honduranischen Karibikinseln. Die autofreie Hauptstadt Bonacca liegt auf einem winzigen Inselchen vor Guanaja. Auf der Insel selbst gibt es nur eine einzige, knapp 5 Kilometer lange Asphaltstraße, auf der insgesamt etwa 30 Autos und ein paar Dutzend Motorräder unterwegs sind. Ansonsten bewegt man sich mit Booten oder zu Fuß.

Highlights:

Wenn das Buch mit den 1.000 Orten, die man gesehen haben muss, bevor man stirbt, von mir wäre, würde **Graham's Place** mit Sicherheit darin vorkommen. Graham ist ein lustiger alter Herr von den Cayman Islands, der sich vor vielen Jahren auf einem Inselchen vor Guanaja, auf dem es nur Mangroven, Steine und ein bisschen Korallen-Sand gab, ein kleines Paradies geschaffen hat – für sich und für seine Feriengäste. Nach und nach hat Graham einen wunderschönen Strand angelegt und hübsche Karibik-Häuser in fröhlichen Pastellfarben gebaut. Der Blick von den Zimmern auf das direkt gegenüber liegende Guanaja ist – ganz besonders von den oberen Etagen – ein Karibiktraum. Guter Service und leckeres Essen; schöne Ausflüge zum Schnorcheln und Tauchen, zum Fischen oder zum Erkunden von Guanaja werden auch angeboten (Doppelzimmer ab 150 Euro).

Tipps:

Die Hauptstadt **Bonacca** liegt auf einem Inselchen vor der eigentlichen Insel. Hier lebt etwa die Hälfte der insgesamt etwa 10.000

Einwohner von Guanaja. Und das kam so: Als es noch kein Insektenspray gab, war Guanaja das Reich der Mücken und Sandflöhe, für Menschen praktisch unbewohnbar. Auf den davor liegenden, winzigen Inselchen sind die Plagegeister indes bei weitem nicht so häufig. Also besiedelte man ein aus dem Ozean ragendes Fleckchen Land, schüttete es weiter auf und baute Häuser auf Stelzen ins Wasser. Es entstand ein winziges, honduranisches Venedig, und genau so wurde Bonacca auch genannt. Heute sind die meisten Kanäle mit Stein und Beton zugeschüttet und haben sich in kleine Gassen verwandelt. Sie sind so eng, dass keine Autos hindurch passen: selbst Fahrräder sind in der Hauptstadt von Guanaja verpönt. Es macht Spaß, einmal durch die engen Gassen zu spazieren oder abends in einer der kleinen Spelunken einen trinken zu gehen. Übernachten ohne Luxus kann man in dem winzigen Hotel Rosario (Doppelzimmer ca. 20 Euro) oder in dem etwas geräumigeren Hotel Miller (Doppelzimmer ca. 40 Euro). Das Hotel Alexander mit seinen Meerblick-Räumen funktioniert leider nicht mehr.

Guanaja hat ausgezeichnete **Tauchgründe** – mit und ohne versenkte Schiffe: Bei Bonacca liegt ein fast 100 Meter langer Frachter auf Grund (Jado Trader).

An der Nordküste von Guanaja gibt es eine Reihe von **schönen Stränden**, die jungfräulich und ohne Bierbuden in der Tropensonne liegen: West End Beach, Dina Beach und bei Michael's Rock, einer weit ins mehr ragenden Landzunge.

An der kleinen **Playa del Soldado** auf der Nordseite der Insel können Sie den Atem der Geschichte spüren. Hier ist Columbus an Land gegangen. Zu sehen gibt es allerdings nicht viel, außer einem dicklichen Leuchtturm, der nichts mit dem berühmten Seefahrer zu tun hat.

Guanaja ist die einzige der drei Bay Islands, die über eine Süßwasserquelle, ja sogar über einen kleinen **Wasserfall** verfügt. Vom Bo Bush's Island House, einem kleinen Resort an der Nordküste führt ein knapp etwa einstündiger Wanderweg dorthin.

Das **La Giralda Boutique Resort** ist sehr elegant und direkt am Strand gelegen. Doppelzimmer mit Vollpension ab 225 Euro. Ausflüge an Land und im Wasser können selbstverständlich organisiert werden.

Die **einzige asphaltierte Straße** auf Guanaja ist knapp 5 Kilometer lang. Sie führt von **Savannah Bight** an der Südküste über das nach dem Hurricane benannte Örtchen Mitch zu **Mangrove Bight** an der Nordküste. Es ist ganz schön, mit dem Taxi von der einen Seite der Insel auf die andere und wieder zurück zu fahren. Sie sollten allerdings nicht viel mehr erwarten als karibisches Alltagsleben mit Kirche, Schule, Fußballplatz und ein paar Tante Emma-Läden. Leidlich gepflegte Hafenanlagen versprühen einen gewissen morbiden Charme. Kurz hinter dem Ortsausgang von Savannah Bight gibt es am linken Straßenrand einen Hügel mit einer Höhle, die sich vielleicht zu erkunden lohnt. Taschenlampe nicht vergessen. Mangrove Bight hat eine hübsche Bucht und eine Werft, die an einen Campingplatz für halbfertige Boote erinnert.

Von Mangrove Bight gibt es eine kleine **Personenfähre** für 20 Passagiere, die aussieht wie ein etwas altmodischer Pfeil, den man mit Menschen beladen kann. Der Pfeil fährt für knapp 30 Euro montags und freitags jeweils um 7 Uhr morgens nach Trujillo und um 13 Uhr wieder zurück. Dieser Fahrplan ändert sich von Zeit zu Zeit – manchmal wird der Betrieb auch ganz eingestellt.

Kuriositäten:

Nicht weit vom Hauptstadt-Inselchen Bonacca steht mitten im Meer ein einzelnes Häuschen auf Stelzen; weit und breit nur Wasser. Es sieht aus wie ein **maritimes Iglu** und irgendwie gar nicht für die Ewigkeit gebaut. Und dennoch hat das Iglu im Meer 1998 dem Tsunami standgehalten, der große Teile von Guanaja zerstörte.

Eine wirklich einmalige Unterkunft ist die **Villa on Dunbar Rock**, ein Hotel, das ganz alleine auf einem steilen Felsen mitten im Meer vor der Insel thront. Leider wird die Villa nur im Wochenpaket mit Essen, Tauchgängen, Ausflügen etc. angeboten (1 Woche 1.000 – 1.200 Euro).

Das Restauran Manatí auf Guanaja

Auf Guanaja gibt es eine **deutsche Insel-Gemeinde**, keine schrägen Hippietypen, sondern Aussteiger der ruhigen Art, die hier jahrein, jahraus ihre Inselkugel schieben. Es sind ein Dutzend Leute, von denen gleich mehrere Hans heißen. Der eine Hans hat das schöne **Restaurant Manatí**, bei dem es ein richtig leckeres Wiener Schnitzel gibt. Der andere Hans hat einen ganzen Wald aus vielen verschiedenen Obstbäumen gepflanzt. An jedem Samstag Mittag trifft man sich im Manatí; eine nette Runde, bei der auch Außenstehende willkommen sind.

DIE CAYOS COCHINOS ODER 15 MAL ROBINSON

Die **Cayos Cochinos** (übersetzt: Schweineinselchen) sind ein kleiner Archipel aus zwei etwas größeren (Cayo Grande und Cayo Menor) und dreizehn winzigen Inselchen knapp 20 Kilometer vor der Karibik-Küste nordwestlich von La Ceiba. Einige der Inseln sind im Privatbesitz von Leuten, die zu viel Geld haben und manchmal auch mit dem Hubschrauber anreisen. Eine soll dem mexikanischen Multimillionär Carlos Slim von der Telefongesellschaft Claro gehören – claro que sí! Auf anderen sind den afrohonduranischen Garífunas Nutzungsrechte eingeräumt worden.

Die Cayos Cochinos sind ein für Taucher/innen nicht zu verachtender Archipel. Es gibt sogar ein ins Meer gestürztes Flugzeugwrack. Auf Cayo Grande ist ein Tauch-Resort der gehobenen Klasse, das **Turtle Bay Eco Resort** – früher hieß es Plantation Beach Resort (Doppelzimmer ca. 150 Euro).

Ganz rustikal geht es auf den von Garífunas bewohnten Inselchen **Chachauate 1 und Chachauate 2** zu. Auf der einen Insel steht eine ganz einfache Unterkunft; die andere ist vollgestopft mit den Holzhütten der Einheimischen. Im Dezember ist der Meeresspiegel so niedrig, dass man zu Fuß von dem einen Inselchen zum anderen gehen kann. Die Übernachtung auf den Chachauates kostet weniger als 10 Euro, und die afrohonduranischen Frauen versorgen ihre Gäste mit leckerem Fisch zu günstigen Preisen. Die Überfahrt ist indes nicht so ganz billig (50 bis 150 Euro für drei oder vier Personen). Die Boote fahren von den Küstendörfern Sambo Creek oder Nueva Armenia. Reisebüros und Hotels in La Ceiba oder Sambo Creek (Hotel Canadien, Villa Helen's Hotel) können Pauschalangebote für mehrere Tage organisieren.

Chachauate

Zum Kennenlernen der Robinson-Welt werden in La Ceiba und Sambo Creek schöne **Tagestouren** zu den Cayos Cochinos für etwa 35 Euro angeboten. Die Bootsausflüge führen an einem steil aus den Fluten ragenden **Fels** vorbei, auf dem sich seit mehr als hundert Jahre ein schnuckeliges **Bäumchen** behauptet hat. Ein einmaliges Fotomotiv (siehe 1. Schlaglicht)! Weiter geht es zu einer kleinen Forschungsstation auf Cayo Menor. An einer malerischen Bucht kann man ausruhen, Fotos machen oder schnorcheln. Auf Cayo Grande zeigt der Führer Ihnen die **rosa farbene Boa Constrictor**. Es sind seltene Schlangen, die dem Vernehmen nach nur auf den Cayos Cochinos leben. Trotz ihres Namens handelt es sich nicht um Angst einflößende Würgeschlangen; es sind eher unscheinbare Vertreter im Gartenschlauch-Format. Rosa wie Paulchen Panther ist die Boa auch nicht; die Farbe ist nicht viel mehr als ein Schimmer in der grauen Schuppenhaut. Doch keine Sorge; der Reiseleiter findet die in den Bäumen herum lungernden Viecher mit seinem geübten Blick sofort. Danach geht es zu den Chachauate-Inseln. Dort wird von den Garífunas ein leckerer Fisch serviert; auch Andenken und der typische Kräuterschnaps Guifity sind im Angebot. Ansonsten einfach die Seele baumeln lassen. Gegen 16.00 Uhr sind Sie wieder zurück auf dem Festland.

Die Cayos Cochinos (meistens Timón und Paloma) waren schon sechs Mal Schauplatz der spanischen **Reality Show** Supervivientes (Überlebende), so etwas Ähnliches wie das Dschungelcamp von RTL. Prominente und andere hartgesottene Kandidaten/innen werden auf einer der Robinson-Inseln ausgesetzt und müssen sich zwischen Tausenden von Stechmücken und Sandflöhen behaupten. Außer Kokosnuss und Fisch ist auch nicht viel auf dem Speiseplan. Und an die Kokosnüsse muss man erst einmal rankommen; die Fische müssen erst mal gefangen werden. So richtig romantisch ist dieses Reality-Abenteuer wohl nicht. Aber was tut man nicht alles, um berühmt zu werden oder es zu bleiben.

Villa on Dunbar Rock vor Guanaja

7. Schlaglicht
Der Norden

Am Río Cangrejal – durch das touristische Zauberland

Highlights:

Die Hafenstadt La Ceiba ist von einem touristischen Zauberland umgeben. Nur ein paar Kilometer außerhalb des urbanen Getriebes finden Sie sich in einer ganz anderen Welt, in einer fast paradiesischen Landschaft wieder. Besonders beeindruckend ist das **Tal des Río Cangrejal**. Tief unten in der Schlucht sprudelt der Fluss dem Meer entgegen, und oben am Sträßchen, das sich den Berg hinauf windet, liegen eine ganze Reihe von lauschigen Hotels in dem immergrünen tropischen Wald. Das Cangrejal-Tal ist Top-Location für Rafting, Natur-

Omoa – das zweitgrößte Fort ganz Amerikas

Feeling und Abenteuer-Wanderungen; eine Zip-Line gibt es auch. In den **Garífuna-Dörfern** Sambo Creek und Nueva Armenia lebt eine afrikanische Kultur, die sich weit mehr als 200 Jahre auf einem fremden Kontinent erhalten hat. Die **Cayos Cochinos** (vgl. 6. Schlaglicht) sind winzige Robinson-Inseln, traumschön wie im Roman. In die surreale Mangrovenwelt des Nationalparks **Cuero y Salado** führt ein uraltes Bähnchen, das aus der Zeit der Bananenrepublik übrig geblieben ist.

Keine 15 Kilometer von Puerto Cortes steht eine gewaltige Trutzburg wie aus einem bebilderten Geschichtsbuch. Die **Fortaleza San Fernando de Omoa** ist das größte koloniale Fort Mittelamerikas und nach San Carlos de La Cabaña auf Cuba das zweitgrößte ganz Amerikas. Mächtig und wehrhaft steht es da, und dennoch haben Piraten es im Laufe der wechselvollen Geschichte zweimal geschafft, das Teil zu knacken. Es ist nicht schwer sich bildhaft vorzustellen, wie die monströse Festung in der alten Zeit umkämpft wurde. Das muss wie in einer aufwendigen Hollywood-Produktion gewesen sein, mit hohem Blutzoll versteht sich. Da kommt man heutzutage mit drei Euro Eintritt glimpflicher davon. Die Investition lohnt sich, auch wegen des herrlichen Ausblicks über den umliegenden Tropenwald.

Tipps:

San Pedro Sula, das tropisch heiße Wirtschaftszentrum von Honduras wird auch gerne Turcadia genannt. Denn zur mächtigen Finanzoligarchie gehören unter anderen die sog. Turcos. Es sind keine Türken im herkömmlichen Sinne. Sie sind Nachkommen von palästinensischen Christen, die in verschiedenen Auswanderungswellen im Laufe des 20. Jahrhunderts aus dem Nahen Osten mit Pässen des damaligen türkisch-osmanischen Reiches nach Honduras kamen. Einmal angekommen, legten sie traumhafte Wirtschaftskarrieren hin. Eingedenk ihrer Wurzeln betreiben sie im Ortsteil Bella Vista im Südosten der Stadt den vornehmen **Club Árabe** mit schicken Restaurants, einem edlen, orientalischen Salon und einem Schwimmbad im Olympia-Format. Hier kommt zwar nicht jeder rein, gut gekleidete Ausländer in der Regel aber schon. Etwas weiter oben am Berg stehen hinter dicken Mauern pompöse Villen, die auch dem Aga Khan gefallen würden. Wenn Sie per Zufall jemand aus diesen Zirkeln kennenlernen sollten, schauen Sie sich diese glitzernde Parallelwelt einmal an. Ich jedenfalls hatte so viel Reichtum noch nicht gesehen und bekam große Lust, hier ein Video zu dem Lindenberg-Song „Ach wie gerne wäre ich im Club der Millionäre" zu drehen.

Kathedrale in San Pedro Sula

Am **zentralen Platz** von San Pedro Sula stehen ein Rathaus im Art Deco Stil und eine recht hübsche Kathedrale: ansonsten gesichtslose Betonklötze und wenig vornehmes Gewusele wenig vornehmer Leute. Einen Besuch wert ist der **Guamilito-Markt**; im vorderen Teil der Halle kann man so gut wie alles finden, was Honduras an Kunstgewerbe zu bieten hat. Uriger geht es weiter hinten zu: ein buntes Tohuwabohu aus Obst- und Gemüseständen, Tortillabäckereien und schmuddeligen Garküchen, bei denen es richtig gut schmeckt.

Enchanté heißt das einzige französische Restaurant in San Pedro Sula. Lauschiger Garten, geschmackvoller Gastraum und tolle Rezepte. Die Zutaten sind nicht immer so herausragend, doch unterm Strich stimmt's. Das nach dem Apfelbaum benannte Restaurant **El Manzano** in San Pedro Sula ist ein knuffiges Hexenhäuschen mit anständigem Essen von einer Gemischtwaren-Speisekarte. Es steht in einem Hexengärtchen mit funkelnden Leuchtgirlanden und einem stattlichen „Manzano"; das ist nicht wirklich ein Apfelbaum, doch prächtig ist das Gewächs allemal. Zu dem gemütlichen Restaurant gehört eine kleine Hausbrauerei, die Red Ale und Stout, manchmal sogar Pils, Alt oder Kölsch im Angebot hat (Col. Moderna, 20/21. Avenida, 5ta Calle). Das **El Portal de las Carnes** auf der 1era Calle, 23. Avenida nennt sich „La Cuna del Steak – die Wiege des Steaks". Das stimmt; hier sind die Steaks in der Tat ausgezeichnet.

Als Wirtschaftsmetropole hat San Pedro Sula eine ganze Reihe von vollklimatisierten Anzugträger-Hotels auf internationalem Niveau. Das gediegenste und stilvollste unter ihnen ist das **Hotel Hilton Princess**. Es hat einen wirklich schönen Garten mit Pool, eine alt englisch gestylte Bar, Top-Service und morgens die Tageszei-

Strand bei Tela

Garifunas

tung. Eine feine Idee ist auch die Extra-Lounge, in der man für 15 Euro ein gutes Frühstück, freie Getränke und Snacks in wohnlicher Dunkelholz-Atmosphäre genießen kann. Für mich ist das Hilton Princess die Nummer 1 in den großen Städten von Honduras (Doppelzimmer ca. 120 Euro). Wer es gerne etwas kuscheliger und bodenständiger hätte, gehe in die **Casa del Árbol**, zwei Blocks vom Zentralpark entfernt; nicht so wirklich ein Boutique Hotel, aber recht gemütlich und freundlich und mit einem Mangobaum, der einfach durch den Anbau hindurchwächst (Doppelzimmer ca. 80 Euro).

Puerto Cortes ist einer der wichtigsten zentralamerikanischen Häfen, eine quirrlig versiffte Hafenstadt mit dem entsprechenden Publikum, dem man lieber nur im Film begegnen möchte.

Der Strand von Omoa ist längst nicht so grandios wie die beschriebene Festungsanlage. Doch ein Stück weiter in Richtung Guatemala beginnt ein wahrer Augenschmaus von Landschaft. Eine **Symphonie in grün** aus lieblichen Hügeln, stimmungsvollen Nebelwäldern und stattlichen Bergen. Teilweise führt die Straße auch am Meer entlang, vorbei an malerischen Stränden, stolzen Palmen und freundlichen Ausflugslokalen. Mittendrin das Dörfchen **El Paraíso**. Am Rand des Ortes steht ein ebenfalls nach dem Paradies benanntes Hotel der Oberklasse. Der Blick von seiner Terrasse über die Bucht ist in der Tat paradiesisch; zum Dinner versinkt die Sonne romantisch in den Fluten des karibischen Meeres. Die Zimmer sind anständig, nur ohne Balkon, aber Adam und Eva hatten ja auch keinen Balkon (Doppelzimmer zwischen 90 und 120 Euro). Auf der Höhe von El Paraíso liegt der **Naturpark**

Rawacala; ein verwunschener Spazierweg führt durch den dichten Nebelwald zu einem prächtigen Wasserfall.

Tela ist der Lieblingsferienort der Honduraner/innen. Früher war das Städtchen an der Karibikküste der Sitz des die halbe Nordküste von Honduras beherrschenden Bananenkonzerns United Fruit Company/Tela Railroad. Noch heute kann man in Tela trefflich auf den Spuren der **„Bananenrepublik Honduras"** wandeln. Weit ins Meer ragt die frisch restaurierte Mole des alten Hafens, an der einst die großen Frachtschiffe anlegten. Auch die stattliche Ruine des **Verwaltungsgebäudes der Tela Railroad Company** wird so nach und nach wieder hergerichtet – die ideale Location für eine Techno-Party, und wenn es einmal fertig ist, sicher auch für Events der ernsteren Muse. Tela selbst kommt nicht unbedingt wie ein mondänes Strandbad daher, eher wie eine wuselige Hafenstadt. Doch um den Ort herum gibt es eine Reihe schicker Resorts und Hotels, die direkt an den tollen Stränden liegen.

Im Ort kann man gut im **Hotel Cesar Mariscos** übernachten (Doppelzimmer ca. 70 Euro). Es hat schöne Balkone zum Meer – und ein sehr gutes Restaurant, in dem sogar Königskrabben angeboten werden. Direkt daneben das etwas teurere und dafür etwas weniger gepflegte **Hotel Sherwood** (Doppelzimmer ca. 100 Euro). Von seinem gemütlichen Terassen-Restaurant hat man einen perfekten Urlaubs-Blick durch die Palmen aufs Meer.

Auf einer Anhöhe mitten in Tela steht eine durch und durch außergewöhnliche Fischer-Technik-Konstruktion aus einem Turm und diversen, in- und übereinander geschachtelten, um gewaltige Bäume herum gebaute Terrassen: das von Franko-Kanadiern geführte **Hotel Maya Vista**. Heißt die empfehlenswerte Herberge wohl so, weil man von dort bis zu den Mayas gucken kann? Die Aussicht ist auf jeden Fall grandios, über die ganze Bucht von Tela, die umliegenden Hügel und Berge. Die im Ikea Stil eingerichteten Zimmer kosten je nach Größe zwischen 35 und 70 Euro. Zum Hotel gehört ein gutes Restaurant.

Etwas außerhalb in Richtung La Ceiba liegt **La Ensenada**, eine schicke, moderne Hotelanlage, direkt hinter einem sehr breiten Strand.

Das Hotel Telamar

Das Resort **Telamar** auf der anderen Seite des Ortes hat deutlich mehr Ambiente – ein bisschen wie bei „Vom Winde verweht" – ist aber auch ein bisschen abgewohnter. Kein Wunder; die Apartmenthäuser sind ungefähr hundert Jahre alt. Hier haben die Manager der Bananenkompanie gewohnt; je nach Dienstgrad in verschieden großen Holzhäusern mit oder ohne Terrasse, mit oder ohne Meerblick. Entsprechend variieren die Preise des Hotels zwischen ca. 100 Euro für ein Zimmer und etwa 250 Euro für ein schickes Apartment, in dem eine ganze Familie Platz hat. Der neuere Teil des Telamar ist vom Baustil geschickt dem alten angepasst. Der Strand vor der Anlage ist herrlich.

Der etwas vernachlässigte Botanische Garten von **Lancetilla** bei Tela soll der zweitgrößte tropische Garten der Welt sein. Er wurde 1926 von der United Fruit Company gegründet. Allein die Vielzahl verschiedener tropischer Bäume ist beeindruckend. Es gibt sachkundige Führungen, bei denen alle Pflanzen mit wissenschaftlicher Bezeichnung, Klarnamen, Herkunftsland und Geburtsdatum vorgestellt werden. Man kann aber auch einfach einen netten Spaziergang durch den **legendären Bambustunnel** (kurz hinter dem Eintrittskartenverkauf mit dem kleinen Museum) machen und ein paar hundert Meter nach dem Tunnel rechts den gepflasterten Weg entlanggehen. Dort stehen eine ganze Reihe von seltenen und seltsamen Bäumen wie der „Nackte Indio", roter Bambus oder ein Baum, dessen Stamm wie ein Gehirn aussieht.

Miami einmal ganz anders. Fahren Sie auf der Straße von Tela nach Tegucigalpa/San Pedro Sula kurz hinter Lancetilla rechts in Richtung Indura Beach & Golf Resort. Direkt vor der Einfahrt zu der monströsen Ferienanlage geht links ein Feldweg ab. Folgen Sie ihm und schon bald stehen auf einer schmalen Landzunge mit goldgelbem Puderzucker-Sand die typischen Strohhütten der Garífunas. Links träumt die Laguna de los Micos, und rechts schlagen die Wellen des Meeres auf die Dünen. Sehr malerisch, das Ensemble! Das erste Dorf heißt Barravieja und das zweite tatsächlich Miami. Der Name soll daher kommen, dass die Landzunge von ihrer Form her ein bisschen an Miami Beach erinnert.

Auch **Tornabé** (beim Indura Beach & Golf Resort) und **Triunfo de la Cruz** (östlich von Tela) sind astreine Garífuna-Dörfer. Doch nirgendwo ist der afrikanische Strohhütten-Baustil so unverfälscht erhalten geblieben wie in Miami.

Das ganz für sich alleine gelegenen **Indura Beach & Golf Resort** erhebt den Anspruch, das non plus ultra im honduranischen Hochpreistourismus zu sein (Suiten zwischen 200 und 400 Euro – einfache Zimmer gibt es nicht, dafür aber einen für Meisterschaften zugelassenen Golfplatz mit 18 Löchern). Auf mich wirkte die klotzige Anlage etwas steril.

La Ceiba hat den anmutigen Beinamen La Novia de Honduras – die Braut von Honduras. Jahrelang ging es der Braut nicht so besonders gut; sie wirkte arg zerzaust, ein von Niedergang und Kriminalität geschwärztes Aschenputtel. Seit ein paar Jahren wird La Ceiba nach und nach wieder etwas brautmäßiger herausgeputzt. Die alte Mole wurde sehr schön restauriert; vor dem originellen Art Deco Hotel (Blick auf Meer und Mole, gute Gäste-Bewertungen, Doppelzimmer ca. 75 Euro) hat man einen hübschen Park angelegt. Im alten Zollgebäude nebenan soll ein Kulturzentrum entstehen. La Ceiba könnte wieder sexy werden. Wer in der Gegend zwischen dem Zentralplatz mit seinem attraktiven Rathaus und der Mole herumstreunt, wird so einiges an alter Bausubstanz und Karibik-Ambiente entdecken.

In dem gepflegten **Parque Swinford**, einen Block vom Hauptplatz entfernt stehen eine blank gewienerte Dampflock und die dazugehörigen historischen Waggons der Standard Fruit Company. Es ist die älteste Lokomotive des Landes. Als sie noch im Dienst war, hat sie die Bananen von den Plantagen zum Hafen in La Ceiba gebracht. Instruktive Infotafeln geben einen guten Einblick in die Geschichte der „Bananenrepublik Honduras". Hier kann man einiges über eine Firma lernen, die jahrelang die Geschicke der ganzen Region bestimmt hat. Gegenüber vom Park direkt vor dem Eingang der Bananen-Gesellschaft ist das **Cafeto**, eine lauschige Cafetería mit leckerem Kuchen und frischen Fruchtsäften.

Früher stand Tegucigalpa für Politik, San Pedro Sula für Wirtschaft und La Ceiba fürs Feiern. Heute kann man über das Kneipenviertel **La Zona Viva** (hinter dem Hotel Quinta Real in La Ceiba) ein Ei schlagen. Viele Leute bleiben wegen der vielen Überfälle lieber zuhause anstatt auszugehen. Erst nach und nach spricht sich herum, dass die Stadt wieder sicherer und lebenswerter wird.

Hinter der Zona Viva direkt am – nicht so wirklich berauschenden – Stadtstrand steht das elegante **Hotel Quinta Real** mit gemütlichen Zimmern (fragen Sie

Die älteste Lok von Honduras

nach einem mit Balkon) einem schönem Karibik-Pool-Garten, Palmen, Säulen und einem Bar-Pavillon. Das im mediterranen Stil gebaute Haus ist eins meiner Lieblingshotels in Honduras, ein idealer Stützpunkt für Ausflüge in die traumhaft schöne Umgebung von La Ceiba (Doppelzimmer ca. 100 Euro). Für den kleinen Geldbeutel empfehle ich das einfache, aber lauschige **Hotel Rotterdam** mit seinem Dutch Café, direkt am Strand, eine Straße hinter dem Hotel Quinta Real (Doppelzimmer unter 12 Euro).

Gegenüber vom Hotel Quinta Real liegt ein recht ansprechendes Bar-Restaurant, das Stroh-gedeckte **La Palapa**. Direkt auf dem Strand neben dem Quinta Real gibt es noch zwei aus Holz zusammengeschusterte **Terrassen-Lokale** mit sehr authentischem Karibik-Flair. Das Guapo's hat die größere Speisekarte, auf der unter vielem anderen auch die mit Knoblauch gebratene, große Meerschnecke (Caracol) angeboten wird. Köstlich! Am Rande der Zona Viva ist mir die **Papusería Universitaria** aufgefallen, ein sympathischer Imbiss in einem kuscheligen Holzhäuschen (Avenida 14 de Julio, 1era Calle). Nomen est Omen: Beliebter Treffpunkt für Ausländer ist die **Expatriates Bar**; dort kann man auch recht gut essen.

Die eigentliche Attraktion von La Ceiba aber ist die traumschöne Umgebung, allem voran die Berglandschaft am **Río Cangrejal**. Wenn das Hotel **Villas Pico Bonito** sich in seiner Werbung als „verborgenes Paradies" bezeichnet, ist das kaum übertrieben. Die mega-idyllische Anlage hoch über dem Río Cangrejal hat schön gestylte Bungalows mit Strohdächern inmitten von Urwaldblüten, Palmen und einen bildhübschen Pool mit Blick über die Schlucht auf einen Wasserfall, der die

Regenwald beim Pico Bonito

gegenüber liegende Steilwand hinunter rauscht. Fragen Sie nach den vorne gelegenen Zimmern; auch dort haben Sie dieselbe grandiose Aussicht (Doppelzimmer ca. 50 Euro). Deutlich feudaler, allerdings ohne das tolle Flusspanorama: die **Casa Cangrejal**. Ganz aus schweren Natursteinen gebaut schafft diese britisch anmutende Herberge ein gediegenes My Hotel is my Castle-Feeling, und das mitten im Tropenwald (Doppelzimmer ca. 90 Euro). Gleich oberhalb von der Casa Cangrejal liegt die rustikale, rucksackmäßigere **Omega Lodge** (Doppelzimmer ca. 45 Euro; Übernachtung in der Gemeinschaftsunterkunft ca. 15 Euro). Die Omega-Lodge hat auch eine kleine Bibliothek und leckeres Essen (Spätzle!). Der deutsche Besitzer Udo organisiert jede Art von Ausflügen und Urwaldtrips, auch in die Mosquitia, Wanderungen, Rafting, Canope und was den Naturfreund sonst noch so begeistert. Spektakulär und nicht sehr anstrengend ist ein etwa zweistündiger Wanderweg zu dem malerischen Wasserfall, den man vom Hotel Villas Pico Bonito sieht.

Pico Bonito Lodge, Top-Adresse unter den Dschungel-Lodges, am besten geeignet für Reisende, denen egal ist, wie viel es kostet. Dafür wird das Essen aber auch von livrierten Kellnern serviert. Die gediegene Anlage ist ganz aus edlem Holz (Doppelzimmer ca. 250 Euro). Knapp 20 Kilometer von La Ceiba auf dem Weg nach Tela geht es von der Hauptstraße noch etwa zweieinhalb Kilometer links in die Pampa und schon ist man da; aber dennoch, das Urwald-Feeling ist ziemlich authentisch. Kolibris schwirren um den Nektar; Vögel und Grillen krakelen – im Regenwald ist es lauter als man denkt. Wenn Sie über die lauschigen Wege schlendern, und Ihnen Krabbeltiere begegnen, dann sind das garantiert keine Kakerlaken, sondern seltene, von der Wissenschaft geachtete Käfer (zoologisch Gliederfüßler). Touristen, die einfach mal durch die Anlage latschen möchten, sind übrigens nicht so sehr willkommen. Ich empfehle, telefonisch einen Tisch in der Lodge zu reservieren und das schöne Ambiente bei einem gepflegten Lunch auf sich wirken zu lassen. Oder nehmen Sie für ganze 25 Euro eine Tageskarte einschließlich zwei Stunden Wanderung, Baden im Fluss, Reiseleitung und Mittagessen.

Etwa 25 Kilometer von La Ceiba auf dem Weg nach Tela geht es bei Kilometer 167 vor der Brücke über den Río de la Perla scharf rechts ab zu dem sehr sehenswerten **Naturschutzgebiet Cuero y Salado**. Nach etwa 5 Kilometern gleich hinter dem Dorf La Unión wird die Tour richtig spannend. Es geht weiter mit der historischen Schmalspurbahn der Bananengesellschaft, die heute als Touristenbähnchen ihren Gnadendiesel bekommt. Das klapperige Gefährt holpert recht flink über seine verbogenen Schwellen. Begleitet wird es von zwei schwer bewaffneten Soldaten. Hat durchaus etwas Abenteuerliches, die Situation! Naturschützer werden indes nicht so wirklich begeistert sein. Denn selbst in der Kernzone des wunderbaren Schutzgebietes zeigen uns von gieriger Hand gepflanzte Ölpalmen, dass auch hier der rücksichtslose Rubel rollt. Das Bähnchen hält am Fluss vor einem Besucherzentrum, in dem man sehr einfach, aber anständig übernachten kann.

Garífuna Dorf

Auf einer Bootsfahrt über die verzweigten Flussarme des Schutzgebietes erwarten Sie weiße, schwarze und rote Mangroven mit ihren imposanten, in sich verschlungenen Luftwurzeln. In den Kronen der Mangroven brüllen die Brüllaffen, und die Wollaffen pflegen ihren Pelz. Die Kapuzineraffen fressen den Leguanen die Eier weg; derweil bei den Jacanas (Blatthühnchen) zur Freude der Gleichstellungsbeauftragten die Männchen auf den Eiern sitzen müssen. Ornithologen können in der Cuero y Salado-Reserve noch Dutzende anderer Vögel, die mir nicht so geläufig sind, entdecken und beobachten. Neben den geführten Touren kann man sich auch ein Paddelboot mieten und die Flussarme auf eigene Faust erkunden. Ein hübscher Sandstrand am Meer ist nur 10 Minu-

Wollaffe im Cuero y Salado

ten Fußweg vom Besucherzentrum entfernt.

Der eigentliche, allerdings etwas publikumsscheue Star des Naturschutzgebietes Cuero y Salado ist **Manatí**, die bis zu anderthalb Tonnen schwere und monogame Seekuh. Sie sieht mit ihrem knuffigen Gesicht aus wie ein Unterwasser-Stofftier. Das vom Aussterben bedrohte Geschöpf lebt (verständlicherweise) ziemlich versteckt tief in den Mangroven und traut sich nur in den frühen Morgenstunden ans Tageslicht. Um ihm zu begegnen, muss man im Besucherzentrum übernachten und ganz früh mit dem Bötchen los. Doch auch dann kriegt man das Stofftier-Gesicht wahrscheinlich nicht zu sehen; denn das scheue Manatí kommt immer nur ganz kurz zum Atmen an die Oberfläche, ohne den Kopf richtig aus dem Wasser zu heben.

Auf der Straße von La Ceiba nach Trujillo geht es kurz vor Kilometer 205 links ab nach **Sambo Creek**, und plötzlich meint man, auf einem anderen Kontinenten zu sein. Die dort lebenden Garífunas stammen von afrikanischen Sklaven ab und haben es verstanden, über die Jahrhunderte ihre Kultur zu bewahren. Als wir an einem Sonntag Nachmittag dort waren, wurde getrommelt und getanzt, dass sich die Palmen biegen – Afrika pur! Nur die strohgedeckten Hütten aus unserem Afrika-Bild gibt es in Sambo Creek nicht mehr – aber die stehen ja auch in Afrika heutzutage längst nicht mehr überall herum. Zum Einkehren empfiehlt sich Kay's Place, eine nette Bar ganz aus Holz mit Blick übers Meer am östlichen Ende von Sambo Creek. Zum Übernachten gibt es zwei anständige Hotels, die direkt am Meer liegen: Hotel Helen mit anerkannt gutem

Sambo Creek

Essen (Doppelzimmer ab 40 Euro) und das etwas einfachere Hotel Canadien (Doppelzimmer etwa 35 Euro). Beide Hotels organisieren Touren zu den Cayos Cochinos.

Etwa einen Kilometer hinter der Abfahrt nach Sambo Creek liegt auf der rechten Seite der Straße nach Trujillo **Glenda's Paradise** – vielleicht nicht gerade das Paradies, aber immerhin ein von heißen Quellen gespeister, Badewasser-warmer Fluss mit ein paar Becken in einem lauschigen Wäldchen. Dort geht es auch hoch zu der spektakulären **Sambo Creek Canopy Tour**, eine Zip Line mit 18 Seilen und grandiosen Blicken von den Bergen bis hinunter aufs Meer (Fahrt ca. 40 Euro) Wem das zu abenteuerlich ist: auch der Aussichtspunkt bei dem Canopy ist nicht schlecht.

Touren von La Ceiba aus, auch zu den Cayos Cochinos, nach Roatán, nach Trujillo, an den Río Cangrejal, nach Cuero y Salado oder in die umliegenden Garífuna-Dörfer organisiert das Reisebüro Touristoptions (www.hondurastouristoptions.com).

Kuriositäten:

Mitten in einem kaum gepflegten Außenbezirk von La Ceiba, gleich an der Durchgangsstraße gibt es einen **Golfplatz**, der an die feudalen Zeiten der Bananenbarone erinnert.

Was macht man mit einem Flugzeug, das nicht mehr fliegt? Entsorgen nach ISO soundso; das wäre die deutsche Lösung; einfach in der Gegend herumstehen lassen; das ist auch eine Lösung, zu besichtigen beim Flughafen in La Ceiba. Dort gibt es gleich mehrere **Flugzeugfriedhöfe**, auf denen ausgediente Flieger morbide vor sich hin rosten.

In einer ziemlich schlechten Gegend schräg gegenüber vom Flughafen in La Ceiba steht das gepflegte und empfehlenswerte **Hotel Rainbow Village** (Doppelzimmer ca. 30 Euro). Es ist mit hohen Gefängnismauern abgesichert, und Schäferhund Rex passt auf. Die patente Wirtin kommt aus Deutschland, über der Theke hängt ein Bild von Ludwig II von Bayern, und auf der Speisekarte findet man auch eine Currywurst. Einmal im Monat gibt es einen Stammtisch für die in der Gegend lebenden Deutschen. Das Rainbow Village ist eine ideale Unterkunft für alle, die am nächsten Tag mit dem Flugzeug weiter nach

Die fliegen nicht mehr

Roatán, Utila oder Guanaja fliegen; es gibt sogar einen Direktflug auf die Cayman Islands

Kulturgeschichte verkehrt herum: Das **Hotel Gran Paris** am zentralen Platz von La Ceiba stammt aus dem Jahre 1912. Es war gediegen und aus Holz. Über die Jahre wurde es immer wieder renoviert, immer mehr und immer mehr des edlen Tropenholzes wurde durch schnöden Beton ersetzt – bis von der alten Pracht nur die Treppengeländer übrig waren, und fertig war das Handelsvertreter-Hotel. Sauber ist es und einen Pool hat es auch. Es spricht also nichts dagegen dort zu übernachten – wenn Sie nichts Schöneres finden (Doppelzimmer knapp 60 Euro).

Auf der Straße von La Ceiba nach Trujillo ist nach ungefähr 5 Kilometern auf der rechten Seite eine Zuchtstation für **Kampfhähne**. Jeder der gefiederten Kämpfer hat ein dreieckiges Hüttchen ganz für sich alleine.

Festungsanlage in Omoa

8. Schlaglicht
Im Mayaland – Copán und Umgebung

Die Maya-Ruinen von Copán

Am 21.12.2012 endete der mysteriöse Maya-Kalender. Doch mit dem Ende der Welt, das war nichts. Wir müssen also weitermachen. Machen wir das Beste draus und statten den berühmten Maya-Ruinen von Copán einen Besuch ab. Die fantastischen Anlagen stehen nach unzähligen Archäologen-Einsätzen trotz des befürchteten Endes der Welt da wie eine Eins. Vor den Toren der großen Fundstätte hat sich ein charmantes Touristenstädtchen entwickelt. Es heißt **Copán Ruinas** und hat anheimelnd koloniales Flair ohne wirklich kolonial zu sein. Der kleine Ort wurde Ende des 19. Jahrhunderts gegründet, als die Archäologen damit begonnen haben, die imposanten Ruinen zu erforschen, die 1980 schließlich von der UNESCO zum Weltkulturerbe erhoben wurden.

Das Straßenbild von Copán Ruinas ist bunt: Schlendernde Touristen, mit und ohne Rucksack, kernige Typen mit Cowboyhüten, Pferde, dreirädrige Tuktuk-Taxis und dazwischen ab und an ein Toyota Hilux mit extra breiten Schluppen, abgedunkelten Scheiben und aufmontierten Blendscheinwerfern. Das tierische Gefährt ist das Lieblingsgefährt der Drogenbosse und ihrer Entourage. Die mächtigen „Narcos" hatten die Gegend lange Zeit beherrscht, sind aber in letzter Zeit fast alle verhaftet worden.

Highlights:

In dem langen Tal zwischen Copán Ruinas und dem 70 Kilometer weiter nördlich gelegenen La Entrada gibt es eine ganze Reihe verschiedener Fundstätten; vieles liegt noch unentdeckt in Mutter Erde. Die größte und bekannteste **Ausgrabungsstätte** ist **Copán** selbst. Sie liegt in einem lauschigen Wäldchen gleich hinter der Tankstelle am Ortseingang von Copán Ruinas. Auf dem Weg zu den imposanten Ruinen begegnen Sie großen bunten Papageien: Es sind **Guacamayas**, honduranische Nationalvögel und auch sonst sehr hübsch. Sie sitzen in den Bäumen, nicht wie anderswo angekettet auf der Stange – vogelfrei im wahrsten Sinne des Wortes; manchmal fliegen sie sogar zwischen den Maya-Stelen herum. Das Ausgrabungsfeld ist fast schon pingelig gepflegt. Es wirkt auf den ersten Blick wie ein prähistorischer Golfplatz mit Stelen statt Fahnen und Py-

ramiden anstelle der Sandbunker. Der englisch anmutende Rasen ist übrigens ein Kompromiss mit dem Zeitgeist. Zu Maya-Zeiten gab es einen hartweißen Boden aus Kalk, Sand und Harz. Die Tempel waren mit Dis-
ney-World-Farben angepinselt; die Maya-Welt war eine quietschbunte, um nicht zu sagen kitschige Welt.

Zur Besichtigung gibt es im Prinzip zwei Varianten: entweder die bildungsbürgerlich profunde Tour **mit einem Fremdenführer**. Sie bieten ihre Dienste am Eingang der Ausgrabungsstätte an. Viele von ihnen haben solides Wissen und nette Anekdoten drauf. Dabei wird natürlich auch eine Menge Maya-Garn gesponnen; aber vieles aus dem Leben der Maya ist ja tatsächlich bis heute noch unklar und geheimnisvoll. So hat auch die **spielerisch, individuelle Besuchsvariante** ihren Reiz: Spazieren Sie einfach mit offenen Augen über das weitläufige Gelände und lassen sich durch die Vergangenheit treiben. Auf einigen Monumenten darf man sogar herumklettern; so betreten Sie die Faszination von Geschichte – im wahrsten Sinne des Wortes.

Auf der mit dem Buchstaben Q gekennzeichneten Stele sind alle Maya-Könige abgebildet. Dabei wendet sich der erste König dem letzten zu, und ich frage mich, was er ihm wohl sagen will. Die mächtige Hieroglyphen-

Blick über Copán Ruinas

wand auf dem Ruinenfeld ist der umfangreichste Maya-Text in ganz Amerika. Gegen zusätzliches Eintrittsgeld kann man in die von den Archäologen gegrabenen Tunnel hineinsteigen und dort Relikte von Tempeln besichtigen, die von anderen, späteren Tempeln überbaut wurden. Die schmalen Tunnel mögen nicht sehr spektakulär wirken; doch sie gestatten einen noch tieferen Blick in die Vergangenheit.

Sehr gut gemacht ist das zu dem Ruinen-Komplex gehörige Skulpturen-Museum – das **Museo de Esculturas**. Man betritt es durch einen Tunnel, der sich durch das Erdreich schlängelt. Der Tunnel symbolisierte in der Maya-Philosophie den Eingang zur Zwischenwelt – und plötzlich stehen Sie vor einem großen, bunten Tempel. Die farbenfrohe Konstruktion ist der originalgetreue Nachbau des Rosalila-Tempels, welcher noch existiert, aber halt vor späteren Tempeln überbaut wurde.

Die **Hacienda San Lucas** ist ein Erlebnis erster Sahne, als Speiselokal und auch als Hotel, ein durch und durch romantisches, ein bisschen verwunschenes Anwesen hoch über dem Tal von Copán. Die Grillen zirpen zum Dinner, und Kerzen sind Trumpf; elektrischer Strom wird nur hier und da mal eingesetzt. Die komfortablen Gästezimmer

Der Weg in die Zwischenwelt

sind in dem selben altspanischen Hacienda-Stil errichtet wie das tatsächlich etwa hundert Jahre alte Herrenhaus. Die Familienfotos der Inhaber zeigen, dass hier nichts von der Stange kommt (Doppelzimmer ca. 110 Euro).

Tipps:

In der Hochzeit der Maya-Kultur sollen 30.000 Leute im Copán-Tal gelebt haben. Das kann auch der Nicht-Fachmann erkennen, an Hunderten von Maulwurfshügeln im Dino-Format, die überall in der Gegend herumstehen und jeweils kleine Pyramiden unter sich verbergen. Man geht davon aus, dass es unter der Erde noch über 4000 unerforschte Ruinen gibt.

Die Besichtigung der Fundstätte **Sepulturas** direkt neben dem großen Ausgrabungsfeld von Copán gleicht einem beschaulichen Waldspaziergang. Er führt am Ufer des Copán-Flusses vorbei. Unter den vielen alten Trümmern sticht **„La Casa del Escribano"**, das Haus des Schreibers hervor. Die damaligen Schreiber schufen ganze Wände mit Hieroglyphen, in denen die große Geschichte der Maya verewigt wurde. Doch wirkliche Bestseller waren diese Bücher aus Stein wohl nicht; denn als die Spanier im 16. Jahrhundert nach Copán kamen, konnte sich bei der dort lebenden Bevölkerung niemand mehr so recht an die untergegangene Maya-Kultur erinnern.

Pünktlich zum Ende der Zeitrechnung der Maya wurden zwei neue Fundstätten erschlossen: **El Rastrojón** gleich oberhalb von dem (mittelmäßigen) Hotel Clarion; der Ort wird auch Cerro del Puma Precioso (Hügel des prächtigen Pumas genannt). In der Tat können

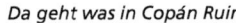
Da geht was in Copán Ruin

Sie dort auf einem Relief mit etwas Fantasie einen mächtigen Puma ausmachen, der einen Maya-Herrscher mit Oscar-Lafontaine-Nase und Segelohren im Maul hat. In den Augen eines Laien liegen hier ansonsten einfach nur viele Steine in der Landschaft. Auf Hinweistafeln wird beschrieben, was diese Steine zu bedeuten haben. Unterm Strich ist El Rastrojón eher etwas für archäologische Feinschmecker denn für Sensationsfotografen. Die etwa 18 Kilometer vor der Stadt Copán Ruinas in Richtung La Entrada liegende Ausgrabungsstätte **Río Amarillo** zeigt sich einen Tick fotogener, vor allem die steile Treppe des Haupttempels. Das meiste ist aber auch hier eher Maya-Mittelmaß.

Das **ehemalige Gefängnis** von Copán Ruinas steht in bester Lage oberhalb des Städtchens und sieht aus wie ein altes Fort aus dem Märchenbuch. Heute beherbergt es ein kleines Kinder-Museum mit einer Animation der legendären Ballspiele, die die alten Mayas veranstaltet haben.

Copán Ruinas liegt weit weg vom Meer; und dennoch gibt es einen halben Block vom zentralen Platz das **Hotel Marina Copán**. Es ist auch nicht nach einem Yachthafen, sondern nach seiner ersten Inhaberin Doña Marina Villamil de Welchez benannt. Hier betteten schon vor 70 Jahren die Archäologen nach einem staubigen Tag ihr müdes Haupt auf ein duftiges Kissen. Für mich die Nummer 1 im Ort, ein gediegenes Traditionshaus der obersten Mittelklasse, mit einem hübschen Poo und einer kleinen Aussichtsterrasse, von der man einen phänomenalen Blick über den Ort hat (Doppelzimmer ca. 100 Euro).

Das Hotel **Casa del Café** steht für die lauschige Mittelklasse mit vielen bunten Blumen, tropischen Pflanzen und gemütlichen Zimmern (Doppelzimmer ca. 50 Euro).

Am Rand von Copán Ruinas steht ein zweigeschossiges Holz-Hexen-Häuschen mit viel Trödel, Tand, Maya-Kram und einem nicht mehr ganz unverstellten Blick auf den Fluss. Die urgemütliche Restaurant-Bar **Carnitas N'ia Lola** trifft seit nunmehr 20 Jahren den internationalen Traveller-Geschmack wie der Deckel den Topf. Hier ist fast immer was los, und des Abends erstrahlt das originelle Teil in einer fröhlichen Christbaumbeleuchtung. Einfach beautiful!

Genauso eine Institution ist das **Via Via**. Hier hängen die Rucksack-Leute auf der Terrasse ab, tauschen Infos aus oder gucken in den Computer. Wenn spät abends in Copán Ruinas noch etwas los ist, dann im Via Via. Zu dem Laden gehört ein sympathisches Hotelchen; überhaupt kein Komfort, aber sehr nett (Doppelzimmer ca. 15 Euro).

Das Restaurant von **Don Udo** hat leicht holländisch eingefärbtes Kolonialambiente und sehr gutes Essen. Für mich die erste Wahl für ein stimmungsvolles Dinner im Ort.

Gut Kaffee trinken kann man in Copán Ruinas in vielen Lokalen; das Traditionscafé aber ist das **Welchez** am Zentralplatz.

Sehr nett: die **Casa del Todo**, das Alles-Haus, ein geschmackvoller Laden mit allen möglichen Andenken, Büchern und Internet. Dazu ein lauschiges Café in einem tropischen Garten mit Hunderten von bunten Blüten.

Um Copán Ruinas herum wird noch sehr viel gegraben und geforscht. Mit Rumfragen und ein bisschen Glück kann man die **Archäologen** ausfindig machen, sie bei der Arbeit beobachten und – wenn man eine/n nette/n erwischt – sich etwas über die

Archäologen-Nachwuchs

Ausgrabungen erzählen lassen. Abends findet man die Archäologen auch bisweilen in den Kneipen des Örtchens, z.B. im Via Via oder bei Carnitas N'ía Lola.

Sie gehen über eine schwankende Brücke in einen der Maya-Mythologie entliehenen Zwischenwelttunnel. Kurz darauf stehen Sie im dampfenden Nebel eines fast kochenden Wasserfalls. So etwas kann eigentlich nur der Teufel gemacht haben – doch er muss etwas von Wellness verstanden haben, als er das **Luna Jaguar Spa Resort** gestaltete. In die wilde Natur eingelassene Becken von 20 bis über 40 Grad machen ein verwunschenes Wäldchen etwa 20 Kilometer außerhalb von Copán Ruinas zum Badeerlebnis. Nur die Umkleidekabinen sehen aus wie einer öffentlichen Bedürfnisanstalt entliehen; doch was soll's.

Die **Finca El Cisne** hinter den heißen Quellen hat ein freundliches Gästehaus, gutes Essen und Pferde zum Ausreiten in einer herrlichen Landschaft. Der Besuch der heißen Quellen des Luna Jaguar Spa Resort ist im Preis inbegriffen (ca. 70 Euro pro Person bei Vollpension).

Die bunte Vogelwelt aus Honduras gibt sich ein Stelldichein im **Parque de Aves Montaña Guacamaya**, auch Macow Mountain Bird Park genannt, zwei Kilometer oberhalb von Copán Ruinas in einem engen Gebirgstal auf dem Sträßchen zum Luna Jaguar Spa Resort.

Auf der Finca San Isidro in den Bergen auf der anderen Seite von Copán Ruinas jenseits des Flusses liegt das esoterisch angehauchte **Spa Ixchel**. Schon der Weg dorthin ist die Reise wert; ein grandioses Gebirgssträßchen vorbei an einer malerischen Mini-Lagune. In der Anlage erwarten Sie Dampfbäder und Schlammtherapien, Blumen, die nach Honig oder Zimt riechen, viele Kräuterdüfte und Schwitzen im Wiedergeburts-Iglu mit Maya-Altar und Aufguss. Vorherige Anmeldung ist erforderlich, da das alles seine Vorbereitung braucht.

Von der Hacienda San Lucas führt ein etwa 40-minütiger Wanderweg zu dem kleinen Ort **La Pintada**. Das Dorf ist nach einer bemalten Maya-Stele benannt, die allerdings etwa 1 Stunde zu Fuß weiter oben in den Bergen steht. Doch auch der Ort selbst macht seinem

Santa Rosa de Cópan

Namen mit schönen Wandmalereien an den Schulgebäuden durchaus Ehre. Ansonsten gibt es eine Legion streunender Köter, eine Reihe von Einfachsthäusern und ärmlichen Hütten mit knallroten Satellitenschüsseln auf den löchrigen Dächern. Ankommende Touristen werden von kleinen Mädchen umringt, die alle dieselben Bastpüppchen verkaufen möchten – ganz ohne so ein Souvenir wird man sich hier nicht aus der Affäre ziehen können. Wir wurden nach dem Kauf der Puppe ganz ungefragt von einem Jungen begleitet, der uns die honduranische Nationalhymne vorsang. Er folgte uns schließlich bis fast zur Hacienda San Lucas zurück. Was er wohl wollte? Schließlich blieb er dann doch stehen und verabschiedete sich mit dem Wort „Money".

In Honduras wird einer der besten Kaffees der Welt angebaut. Wer einmal sehen möchte, wie die Kaffeepflanzungen genau aussehen, fahre zur **Finca Santa Isabel**, etwa 30 Kilometer von Copán Ruinas auf dem Weg nach La Entrada. Die Hazienda ist auch landschaftlich sehr schön und lädt zu einem Spaziergang durch den tropischen Wald ein.

Von Copán Ruinas kommend geht es kurz vor La Entrada links ab nach **El Puente**. Die nicht besonders große, aber sehr fotogene Fundstätte liegt etwa 6 Kilometer von der Hauptstraße entfernt. Es ist ein wahrhaft lauschiges Ausgrabungsfeld mit einer „Touristen-Kletter-

Pyramide", die man einfach so besteigen darf. Es gibt auch ein anschauliches Maya-Museum mit Statuen, Modellen und Infotafeln. El Puente ist klein, aber fein.

Santa Rosa de Copán wird auch La Sultana del Occidente, die Herrscherin des Westens genannt. Doch Frau Sultan hat ihre koloniale Schönheit gut versteckt, in einem breiten Gürtel potthässlicher Außenbezirke. Es ist der Mühe wert, sich zu dem gut erhaltenen historischen Zentrum durchzufragen. Auf dem schönen Hauptplatz mit der blütenweißen Kirche steht ein Pavillon mit einer Cafeteria im ersten Stock, von der man bei einer leckeren Tasse Kaffee das kleinstädtische Getriebe von oben betrachten kann. Zum Pausemachen bietet sich unweit des zentralen Platzes auch das **Zotsch** an, ein Bar-Restaurant in einem alten Gemäuer mit Fotos und Schallplatten-Covern an den Wänden.

In dem historischen Gebäude der **Zigarrenfabrik** ist heute nur noch ein kleines Geschäft mit den Zigarren, die Santa Rosa de Copán berühmt gemacht haben. Die eigentliche Produktionsstätte liegt etwas außerhalb der Stadt und kann besichtigt werden.

Das Mittelklassehotel **Elvir** in Santa Rosa de Copán gibt es schon seit 1955. Es ist nicht wirklich kolonial, hat aber koloniales Flair, einen malerischen Innenhof und liegt mitten im historischen Zentrum (Doppelzimmer ab 60 Euro). Es gibt in der Nähe einige empfehlenswerte Restaurants, zum Beispiel das **Lenca Maya**: In einem verwunschenen Garten werden leckere Fleischgerichte serviert. Gut gefallen haben mir auch die familiäre **Pizzeria Weekend** und das heimelige **Café de las Velas**, eine gelungene Kreuzung zwischen einem duftenden Kerzenladen und einer gemütlichen Cafeteria.

Kuriositäten:

In Copán gibt es alle möglichen, in Stein gemeißelte Figuren. Mit etwas Fantasie (oder einem guten Reiseleiter) entdeckt man zweiköpfige Schlangen und heilige Vögel ohne Schnabel, ja sogar eine riesige **Schildkröte mit dem Kopf eines Pferdes** – oder haben die Archäologen da etwas falsch zusammengesetzt?

Asterix hätte vielleicht gesagt: **die spinnen, die Mayas**. Denn nachfolgende Generationen bauten ihre Häuser und Tempel gerne über denen ihrer Vorfahren. So sollen die vielen Pyramiden entstanden sein, und die letzten Maya-Generationen müssen wohl die beste Aussicht von allen gehabt haben.

Die 16 Maya-Könige aus Copán hatten zum Teil putzige Namen wie **18 Kaninchen** oder **Rauch-Affe**.

Auf der Hacienda San Lucas werden die Gäste nicht nur vom aufmerksamen Personal, sondern von zwei freundlichen **Hunden** betreut. Einer von ihnen heißt Kuk und hat eine **Reiseleiter-Ausbildung**. Er bringt interessierte Gäste zu der kleinen Ausgrabungsstätte Los Sapos (die Frösche); in der Tat kann man dort auf einem Felsblock das Gesicht eines Frosches ausmachen.

Ich wollte schon immer ein Schloss haben, sagte sich Thomas, der deutsche Wirt von der Gaststätte **Sol de Copán**. Er setzte ein Türmchen auf sein Haus in Copán Ruinas; hinein stellte er eine deutsche Kneipeneinrichtung und eine Brauanlage. Das selbst hergestellte Bier ist lecker, und es gibt auch eine Currywurst. Empfehlenswert.

Von Copán Ruinas kommend kurz hinter La Entrada stehen plötzlich Dutzende von Ständen am Straßenrand, die ausschließlich **Feuerwerkskörper** verkaufen. Ich hab' noch nie in meinem Leben so viele Raketen und Knallfrösche auf einem Haufen gesehen.

Autowaschanlage bei Copán

9. Schlaglicht
Im Lencaland – Der Westen

Gruta de la Inmaculada Concepción de Lourdes in La Esperanza

Highlights:

Gracias ist ein absolut sehenswertes, sympathisches Städtchen irgendwo zwischen kolonial und verpennt wildwest. Da wird es abends schnell schläfrig; dann streunen nur noch ein paar müde Straßenköter durch die einsamen Gassen. Wären die Bürgersteige nicht aus Naturstein, würde man sie um 21.00 Uhr hochklappen. Dafür geht das Leben des Morgens mit den Hühnern schon wieder los. Stellen Sie einfach Ihren Biorhythmus um, wenn Sie dort sind. Gracias ist von einer beruhigenden, **malerischen Gebirgslandschaft** umgeben, in der einige der schönsten Dörfer des Landes liegen:

La Campa kuschelt sich in den Schatten einer dramatisch steilen Felswand und glänzt mit einer bunt angepinselten Kolonialkirche erster Sahne. Vier Heilige sind von ihren Podesten an der reich verzierten Fassade geflohen – aber vielleicht sind sie ja auch nur zum Restaurieren in der Werkstatt. La Campa ist sehr gepflegt, fast schon geleckt. Verkauft werden ansehnliche Töpferwaren in warmen Brauntönen – mal etwas anderes als das übliche Lenca-Schwarz-Weiß. Auch im Angebot ist die Maske des Garrobo, der auf dem traditionellen Dorffest mit dem Leguan tanzt.

Übernachten kann man für gerade einmal 15 Euro in einem hübschen und sehr ordentlichen Hostal. Ansonsten herrscht vollständige Ruhe in La Campa, hier bellen noch nicht einmal die Hunde. Man erreicht das schmucke, etwa zwanzig Kilometer von Gracias entfernte Örtchen über eine recht gut befahrbare Holperpiste.

Hinter La Campa wird die Rumpelpiste erst richtig gut; sie führt durch eine grandiose Bergwelt zu Füßen des fast 2.850 Metern hohen Celaque. Nach etwa zwanzig weiteren Kilometern kommt man nach **San Manuel de Colohete**, ein auf den ersten Blick selbst von Gott verlassenes Dorf mit ärmlichen, ins Tal geduckten Adobe-Häusern. Doch Gottes Wege sind oft für eine Überraschung gut. Plötzlich stehen Sie vor einem wahrhaft überwältigenden Sakralbau; eine riesenhaft erscheinende, weiße, prächtig verzierte Kirche. Ob der liebe Gott den Vatikan ursprünglich mal in San Manuel de Colohete haben wollte? Restauriert ist die tolle Kirche übrigens nicht. Dem Vernehmen nach hat der Pfarrer ein entsprechendes Angebot abgelehnt, weil er befürchtet, dass bei einer solchen Aktion ein unter dem Gotteshaus verborgener Schatz angerührt werden könnte.

Tipps:

Am **Parque Central**, dem zentralen Platz von **Gracias** gibt es zwei nette, einfache Lokale und eine Pavillon-Cafetería. Außerdem freies WLAN-Internet für alle und eine Statue des Freiheitskämpfers Lempira zur Illustration der Geschichte des Landes. Das Rathaus ist in einem pittoresken Altbau untergebracht. Auf der gegenüberliegenden Seite des Platzes steht die imposante, mit Barock-Elementen gestaltete Kirche San Marcos.

Außergewöhnlich schön präsentiert sich die Kirche **La Merced** zwei Blocks nördlich vom zentralen Platz.

Noch einen Block weiter nordwestlich liegt das **Kandil Kafé & Pizzeria** – ein sympathisches Künstler-Café mit guter Stimmung und leckerem Essen. Zwei Blocks südlich vom Parque Central hat ein neues Restaurant der gehobenen Klasse aufgemacht: **Leyenda de los Confines**.

Auf der im südlichen Teil der Stadt gelegenen

Kirche La Merced in Gracia

Plaza San Sebastián steht neben der eher unscheinbaren Kirche ein riesiger, gemäß den Aufzeichnungen der Stadt über hundert Jahre alter Kapok-Baum. Im Dezember und im Januar ist auf dem Platz richtig was los. Einmal besucht die Jungfrau der etwas außerhalb der Stadt stehenden Santa Lucia Kirche den heiligen Sebastian; und einmal stattet die Figur des San Sebastian Santa Lucia einen Besuch ab. In der alten Zeit gehörte die gesamte Plaza der spanischen Familie Galeano. Der Familienwohnsitz, die historische Casa Galeano gehört heute der Stadt und beherbergt ein sehenswertes Heimatmuseum mit allerlei Erinnerungsstücken, Modellen der umliegenden Dörfer, schönen Wandmalereien und einem dahinter liegenden, verwilderten, botanischen Garten. Den Galeanos liegt die Kunst im Blut. Auf der Westseite des Platzes ist das Atelier von Mito Galeano, einem in Honduras ziemlich bekannten Künstler. Wenn Mito zu Hause ist, führt er Sie gerne durch sein kreatives Reich.

Dschingis Khan vor der Festung San Cristobal

Über dem gemütlichen Städtchen thront die 1864 von General José Maria Medina errichtete **Festung San Cristobal**. Sie ist klein aber hübsch; vor den Toren der Miniburg kann man eine ganze Sammlung origineller Skulpturen bestaunen, unter ihnen einen Kopf, der aussieht wie der von Dschingis Khan. Im Inneren der Festungsanlage ruht ein Doppelpräsident in seinem Schrein: Juan Lindo war Mitte des 19. Jahrhunderts Präsident in zwei verschiedenen Ländern, zuerst in El Salvador und dann in Honduras. So etwas haben weder Kohl noch Putin geschafft.

Das etwa 35.000 Einwohner zählende Städtchen Gracias ist so klein, dass Sie all diese Orte locker auf einem **gemütlichen Spaziergang** durch die kolonialen Straßenzüge erkunden können.

Das Mittelklassehotel **Posada Don Juan** ist in Gracias das beste Haus am Platze; im Kolonialstil mit einem hübschen, von Arkadengängen eingerahmten Poolbereich (Doppelzimmer ca. 70 Euro). Zum Hotel gehört das rustikal eingerichtete Speiselokal **Mesón de Don Juan** mit LCD-Bildschirmen statt röhrendem Hirschen. Wenn der Strom (und die Fernseher) ausfallen, geht es bei Kerzenschein richtig stilvoll zu. Solide Küche!

Einfacher als die Posada Don Juan, aber auch ziemlich gut, das von einer netten Holländerin geführte **Hotel Guancascos** mit seinem unschlagbaren Blick über die ganze Stadt (Doppelzimmer nur etwa 25 Euro). Guancasco ist übrigens das traditionelle Friedensfest der Lenca, mit dem zwei Gemeinden ihre Freundschaft besiegeln. Das Hotel liegt unterhalb der Festung San Cristobal – ein Morgenspaziergang bietet sich an.

Auch das etwas aufgedonnerte Kolonial-Boutique-Hotel **Camino Lenca** ist eine Option. Die Zimmer in dem alten Stadthaus sind recht licht- und luftarm; doch das ist der Bauart geschuldet – in der Kolonialzeit war das auch schon so (Doppelzimmer knapp 40 Euro).

Für alle, die lieber in der Natur als im kolonialen Ambiente übernachten möchten. Die **Finca del Capitán** ist eine lauschige Alternative im Grünen etwas außerhalb der Stadt auf dem Weg zum Nationalpark Celaque (Doppelzimmer ca. 60 Euro).

Eine ganz besondere Attraktion von Gracias sind zwei sehr schön angelegte **Thermalbäder**. Die Termas del Presidente liegen kuschelig in einem Wäldchen; fahren Sie die Straße nach La Esperanza und biegen nach knapp 4 Kilometern rechts ab; es ist ausgeschildert. Die etwas schickeren Termas del Río liegen ca. 7 Kilometer hinter Gracias an der Straße nach Santa Rosa de Copán.

Gracias liegt in einer traumschönen Gebirgslandschaft, die vom knapp 2850 Meter hohen **Celaque**, dem höchsten Berg von Hondu-

Nationalpark Celaque

ras überragt wird. Der herrliche Berg ist von einem Nationalpark mit einem Besucherzentrum und gut ausgeschilderten Wanderwegen durch einen verwunschenen Bergnebelwald umgeben. Wer hoch bis zum Gipfel möchte und nicht gerade zum Olympia-Kader gehört, sollte eine Übernachtung im Zelt einkalkulieren.

Eine uralte Siedlung fast am Ende der Welt, das ist **Erandique**; ein Städtchen ganz ohne Asphalt. Gedrungene Adobehäuser, ein Rathaus aus wurmstichigem Holz mit einem herrlichen Arkadengang, drei historische Kirchen und zwei riesige, etwa 25 Meter hohe Kapokbäume. Gegen die majestätischen Ceibo-Bäume erscheinen die Kirchen winzig wie auf einer Modelleisenbahn. Die Häuser in Erandique sind längst nicht so mit Gittern und schweren Schlössern verrammelt wie es sonst in Honduras üblich ist. In Erandique hatte ich den Eindruck, dass irgendjemand den Kalender zurück auf Kolonialzeit gestellt hat.

Auf dem Hauptplatz steht ein vergoldeter Lempira mit Krampfadern; ansonsten ist er viel attraktiver als der dicke Lempira auf dem zentralen Platz von Gracias. Angeblich soll ein echter Lenca-Indígena für das Denkmal des allseits verehrten, honduranischen Freiheitskämpfers Modell gestanden haben (Foto S. 8). Samstags ist Markt in Erandique – viel

Opal-Mine

Gewusele, Menschen und alle möglichen Waren in bunten Urlaubsfotofarben. Übernachten kann man im Hotel Steven; kein Luxus, aber auch nicht teuer (Doppelzimmer 10 Euro).

Das kleine Erandique ist **Hauptstadt der Opale**. In der Umgebung schlagen die Mitglieder kleiner Kooperativen die hier allenthalben vorkommenden Halbedelsteine in schweißtreibender Handarbeit aus riesigen Felsbrocken. Dann wird das glänzende Gestein so lange geschliffen bis die bunten Opale freiliegen und zu edlen Schmuckstücken verarbeitet werden können. Am Hauptplatz neben dem Rathaus gibt es ein kleines Geschäft, in dem die rohen Opale zu günstigen Preisen verkauft werden.

Um **Erandique** herum kann man tolle Wanderungen machen und dabei auf den Spuren Lempiras wandeln. In den Bergen gibt es ein Fort. Um es als solches zu erkennen, braucht man allerdings etwas Fantasie. Denn es ist keine Festung wie die Burgen am Rhein; es ist ein „natürliches Fort", mit anderen Worten schlicht ein Fels. Piedra Parada ist der Ort, an dem Lempira der Überlieferung nach in einen Hinterhalt der Spanier geraten war und seinen Heldentod gestorben ist. Berge bzw. Hügel mit dem Namen Piedra Parada gibt es allerdings gleich zwei, und man weiß nicht so genau, welcher der richtige ist.

La Esperanza und **Intibucá** sind zwei Städte, die längst zusammengewachsen sind. Intibucá war ursprünglich die Siedlung der Indigenen, und La Esperanza die koloniale Stadt der Spanier. La Esperanza ist der touristisch attraktivere Teil der Zwillingsstadt. Dort steht am Hauptplatz die sehr schöne Intibucá-Kirche. La Esperanza/Intibucá liegt auf 2.200 Meter Höhe und ist die höchste Stadt von Honduras – nehmen Sie einen Pullover mit.

Im Herzen von La Esperanza, gleich am Hauptplatz steht ein zum Hotel umgebautes, koloniales Schmuckstück mit einem lauschigen Innenhof voller tropischer Pflanzen: die **Posada Papá Chepe** (Doppelzimmer ca. 40 Euro). In demselben prächtigen Gebäude gibt es auch eine nette Cafetería und einen attraktiven Souvenirladen.

Ein Stück weiter die Avenida España entlang in einem alten Kolonialhaus finden Sie das gemütliche Restaurant **La Hacienda Lenca**. Im Restaurant **Opalaca** (einen Block vom Hauptplatz in die andere Richtung auf der Avenida Morazán) werden von Mai bis Juli – unter Mithilfe des Klimawandels in manchen Jahren bis zum Oktober – Choros angeboten, eine besondere Art von Pilzen, die aus dem Boden schießen, wenn es sehr stark regnet. Auch das Opalaca ist in einem Asbach-uralten Haus untergebracht; die leckeren Fleischgerichte werden auf einer heißen Metallplatte serviert. Gleich um die Ecke liegt **El Fogón**, eine Disko-Bar mit viel Maya-Kitsch und eingebauter Tropfsteinhöhle.

Eins meiner Lieblings-Fotomotive in Honduras, die **Gruta** de la Inmaculada Concepción de Lourdes **in La Esperanza**: graue, von Tausenden, vielleicht Hunderttausenden Gläubigen ausgetretene Stufen führen hinauf zu einem herzallerliebsten Kapellchen, so blütenweiß wie die Empfängnis der Jungfrau von Lourdes, die in ihm steht.

Auf dem Lande

Willkommen im **Erdbeerland**: in der Gegend um La Esperanza gibt es riesige Erdbeeren, so groß wie neben einem Atomkraftwerk gewachsen; und lecker sind sie auch. Das grüne, fruchtbare Land ist ein wahrer Augenschmaus; sehr indigen, fast schon so bunt wie die traditionelle Andenwelt in Ecuador, Peru oder Bolivien. Archaische Ochsengespanne, zwergenhafte Greisinnen, die gewaltige Reisigbündel auf ihren gebeugten Rücken schleppen, Männer mit Schlapphüten und indigene Frauen in bunten Kleidern.

Etwa 25 Kilometer von La Esperanza entfernt ist der höchste Wasserfall von Honduras. Die schlanke Kaskade von **Río Grande** (auch Río Hondo genannt) fällt 120 Meter in die Tiefe. Die obere Abbruchkante ist leicht zu erreichen; doch wer den schmalen Wasserfall in seiner ganzen Pracht sehen möchte, muss sich von dort auf eine mindestens einstündige Wanderung begeben.

Etwas nördlich von La Esperanza und westlich vom Lago de Yojoa liegt **Santa Barbara**, eine der heißesten Städte von Honduras. Nicht umsonst gibt es in der Umgebung eine ganze Reihe von Badeanstalten, wahlweise mit und ohne Rutschen. Santa Barbara hat eine kleine Burgruine über der Stadt (Castillo Bográn) und einen kolonialen Kern – beides ganz nett, aber nicht besonders spektakulär. Dafür nimmt Santa Barbara für sich in Anspruch, die Stadt der schönsten Frauen zu sein. Anhand der Miss Honduras-Statistiken lässt sich das nicht nachweisen, auch wenn die 2014 so tragisch ermordete Schönheitskönigin tatsächlich aus Santa Barbara stammte. Sie können sich ja selbst einmal umschauen. In der Nähe von Santa Barbara gibt es eine Reihe von kolonialen Dörfern: Chinda, das einstmals von Hexern bewohnte Ilama, Gualala und San José de Colinas. Sie alle haben ihre altspanische Kirche und sind gute Orte zur kolonialen Spurensuche. Wahre Dorfschönheiten wie San Manuel de Colohete oder Cedros sind es indes nicht. Das beste Hotel in Santa Barbara ist das Gran Hotel Colonial – honduranische Mittelklasse für etwa 35 Euro das Doppelzimmer. Oder Sie wohnen etwas außerhalb im Anthony de Luxe – es hat eine schöne Poolanlage und

Zimmer mit winzigen Fenstern und riesigen Klimaanlagen (knapp 50 Euro das Doppelzimmer).

In dem sehr gepflegten Örtchen **Cane** in der Nähe von La Paz hat man vor ein paar Jahren auf einem Podest mit einer Freitreppe eine mehr als zehn Meter hohe Christus-Statue errichtet. An der Friedhofsmauer und auch an der dort hinführenden Gasse sind sehr schöne Wandmalereien mit christlichen und anderen Motiven.

Die Straße von **La Paz** nach **Marcala** führt durch eine malerische Mittelgebirgslandschaft, die von Menschen mit indigenen Gesichtszügen bevölkert ist; bei der Männern sind helle Cowboy-Hüte äußerst beliebt.

In **San Pedro de Tutele** muss man nicht unbedingt gewesen sein. Aber wenn es einen auf dem Weg nach Marcala dorthin verschlägt, dann lohnt es sich schon, einen Blick auf die hübsche Dorfkirche zu werfen. Auch der Park mit dem großen Baum am Ortseingang ist nicht schlecht. Für die, die in San Pedro de Tutela bleiben möchten, gibt es eine kleine Pension.

Marcala selbst ist nicht unbedingt ein Touristenmagnet. Doch die Umgebung der Stadt hat es in sich, ganz besonders für Naturfreunde. Fahren Sie auf der Straße von Marcala nach La Esperanza nach etwa 5 Kilometern links den Feldweg zu dem ca. 3 Kilometer entfernten **La Estanzuela**. Dort rauscht in der Regenzeit ein gewaltiger, breiter Wasserfall in die Tiefe. Es ist nicht der höchste, aber der größte und beeindruckendste, den ich in Honduras gesehen habe. Doch das war noch nicht alles. Zu Fuß geht es über einen kleinen Weg zehn Minu-

La Estanzuela

ten weiter zur Gruta El Gigante. Hier und da fallen kleinere Kaskaden von den steilen Berghängen. Die Legende sagt, dass einst ein Riese in der **Gruta El Gigante** gelebt habe. In der Tat sieht die Öffnung der stattlichen Grotte so aus, als ob ein Yeti mit Schuhgröße 500 in den Fels gelatscht ist. Sehr tief reicht die Höhle nicht in den Berg hinein. Deshalb ist es auch nicht so schlimm, dass man die sagenumwobene Anlage nur von außen betrachten, aber nicht betreten darf.

In der Gegend um Marcala gibt es noch viele andere **Wanderwege und Wasserfälle** wie den 50 Meter hohen El Chiflador, der geheimnisvolle Pfeiftöne von sich gibt, oder die prächtige Cascada Las Orchídeas. Das kleine Touristenbüro am Hauptplatz erklärt gerne, wo man das alles findet und kann auch Reiseführer vermitteln.

Ein guter Stützpunkt in **Marcala** ist das Hotel Frissman, eine gut geführte, saubere Herberge im Handelsvertreter-Stil (Doppelzimmer 30 bis 40 Euro). Casa Gloria am zentralen Platz ist ein anständiges Restaurant in einem kolonialen Eckhaus; drei Blocks entfernt liegt das barmäßig gestylte Rony's Restaurant.

Kuriositäten:

Ein Tipp für Heimatverbundene: Im Gastraum des ansonsten ziemlich vergammelten Hotels **Finca Bavaria** in Gracias hängt ein riesiges bayerisches Wappen über der Bar. Ein Foto von Ludwig II gibt es auch. Die Finca Bavaria steht auf einem verwunschenen Grundstück gegenüber von der Kirche La Merced – ein netter Ort, um abends ein Bier zu trinken.

Etwa drei Kilometer außerhalb von La Esperanza liegt an der Straße nach Gracias ein Taller de Reparación de Armas, eine **Waffenreparatur-Werkstatt**. Also, falls Sie mal Ladehemmungen haben...

Am **Cerro de Hoyos**, oben in den Bergen etwa 10 Kilometer von La Esperanza entfernt gibt es ungefähr 50 fast kreisrunde Löcher im Boden. Sie haben einen Durchmesser von etwa einem Meter und sind bis zu dreizehn Meter tief. Da würde jeder Maulwurf vor Neid erblassen. Einige der Löcher liegen im Gebüsch, die meisten mitten im Wald;

viele sind halb zugewachsen. Deshalb sollte man den Cerro Hoyos auch besser nicht alleine besuchen. Wir wurden von einem verschrumpelten Mann mit einer Machete begleitet, der aussah wie ein Hobbit aus dem Altenheim. Er gehört zu dem Privatgrundstück, auf dem sich die Löcher befinden und passt perfekt zu den Legenden, die sich um die seltsamen Öffnungen in der Erde ranken.

Geheimnisvolle Löcher am Cerro de Hoyos

Haben sich hier Wesen von einem anderen Stern herumgetrieben? Erstaunlicherweise hat Erich von Däniken sich bisher noch nicht zu Wort gemeldet; seinen Außerirdischen hätten die seltsamen Löcher bestimmt gefallen. Möglicherweise handelt es sich bei den fremdartigen Öffnungen auch um alte Minen, in denen man den hier vorkommenden Obsidian (ein vulkanisches Gesteinsglas) und andere wertvolle Mineralien gewonnen hat. Die wahrscheinlichste Erklärung aber ist, dass es sich um Öffnungen eines darunter liegenden Vulkans handelt, der vor Jahrtausenden erloschen ist. Hinter dem Wäldchen mit den Löchern verläuft ein Weg, auf dem Abertausende Obsidian-Stücke herumliegen. Um zum Cerro de Hoyos zu kommen, kann man sich an die Touristeninformation am Hauptplatz von La Esperanza wenden. Oder wenden Sie sich an Luis Arriaga (Tel: 98146875), ein sympathischer und kundiger Reiseleiter, mit dem wir sehr zufrieden waren.

In dem Örtchen **Chinda bei Santa Barbara** war 2014 das historische Rathaus abgebrannt. Es wurde durch einen neuen, quietschblau angepinselten Gemeinde-Palast mit hohen Säulen ersetzt. In seiner verglasten Vorderfront spiegelt sich die etwa 300 Jahre ältere Kirche – ein gutes Fotomotiv!

10. Schlaglicht
Der Süden

Die südliche Küste – eine fast unwirkliche Landschaft

Die Pazifikküste ist ganz anders als die Karibik. Es gibt keine wirklich großen, goldgelben Strände, kein sattgrünes Hinterland und auch nicht so viele Palmen. Man nennt den Pazifik auch den Stillen Ozean; passend dazu ist die südliche Küstenlandschaft von Honduras eine stille, fast unwirkliche Landschaft. Kaum durchdringliche Mangroven, ziemlich graue Strände und im Hintergrund die Silhouetten erloschener Vulkane. Unbarmherzig brennt die Sonne vom Himmel und legt eine brüllende Hitze über die fremdartige Landschaft.

Amapala

Highlights:

Amapala auf der **Isla del Tigre** ist in meinen Augen der hübscheste Ort, um ein paar Tage im Süden von Honduras zu entspannen. Die einzigartigen Sonnenuntergänge auf der Insel sind ein wahrhaft unvergessliches Naturereignis.

Tipps:

An der Straße von Tegucigalpa nach Choluteca ragen nach etwa 65 Kilometern auf der rechten Seite zwei Waschmittel-weiße Kuppeln in den meist Postkarten-blauen Himmel. Sie gehören zu der Kirche von **Pespire**, einem besonders schönen Kolonialstädtchen mit einer lauschigen Plaza. Das Rathaus hat altspanische Holzarkaden, und einen Block weiter gibt es ein rosa angepinseltes Patrizierhaus zu entdecken. Zum Touristenglück fehlt eigentlich nur noch eine Cafetería.

San Lorenzo ist eine brüllheiße Hafenstadt inmitten der sonderbaren Mangrovenlandschaft der Pazifikküste. Am Ende der Promenade hinter dem alten Hafen liegt das **Restaurant La Playa**. Gutes Essen, Nautik-Trödel und eine schöne Aussicht von der Terrasse über den Meeresarm auf die dahinter liegenden Mangroven. Der deutsche Besitzer Werner Völk bietet Bootstouren an: entweder mit dem Party-Kahn La Serena del Pacifico über die breiten Meeresarme mit den unwirklich erscheinenden Bergen dahinter. Oder mit kleinen Bötchen in die schmalen Mangroven-Kanäle hinein. Das originelle **Restaurant Los Manglares** gleich neben dem La Playa hat über das Wasser gebaute, romantische Tische unter kegelförmigen Strohdächern. Die Promenade am Hafen hat was; nur schade, dass es in San Lorenzo keine wirklich empfehlenswerten Hotels gibt.

Auf dem Weg von San Lorenzo nach Coyalito und Amapala thront auf einem Hügel hoch über der weiten Mangrovenlandschaft das Ausflugslokal **Terra Mar**. Die Aussicht von der Terrasse ist herrlich, und auf dem Teller sind die Speisen so liebevoll drapiert wie in einem familiär geführten Gourmetlokal.

Ein ebenmäßiger Vulkankegel-Berg ragt aus dem Golf de Fonseca. Wenn man von dem Einschiffungshafen Coyalito aus mit dem Bötchen nach Amapala übersetzt, hat man das surreale Panorama vor sich, das die honduranische Pazifikküste so außergewöhnlich macht. Die **Isla del Tigre** mit dem Städtchen **Amapala** ist eine Insel, wie ein Kind sie malen würde. Ich musste unwillkürlich an Lummerland bei Jim Knopf und Lukas dem Lokomotivführer denken. Beim **Untergang der Sonne** über dem Golf von Fonseca steht der Himmel in gelb-roten Flammen wie ein elektrisches Kaminfeuer. Das ist schon klasse!

Auch der Name „Isla del Tigre" fällt aus dem Rahmen.

Das Rathaus von Pespire

Auf der Isla del Tigre

Eine Tigerinsel im Pazifik, das klingt ja wie eine Giraffenherde am Niederrhein. Der Name der Insel soll auch nichts mit wirklichen Tigern zu tun haben. Vielmehr heißt es, der englische Freibeuter **Sir Francis Drake** hätte in Amapala einen Stützpunkt gehabt, und die Leute hätten ihn und seine Piraten als tigergleiche Unholde angesehen. Gesichert ist diese Geschichte aber nicht.

Später haben viele **Deutsche** auf der Isla del Tigre gelebt und das Wirtschaftsleben des Hafens maßgeblich geprägt. Die Grabsteine auf dem Friedhof von Amapala bezeugen das mit vielen deutschen Namen. Es hat sogar einmal eine Schifffahrtslinie Hamburg – Amapala gegeben. Im zweiten Weltkrieg wurden allerdings alle Deutschen des Landes verwiesen, und damit war auch die „deutsche Epoche" auf der Tigerinsel beendet.

Die **USA** haben oben auf dem Kegelberg der Tigerinsel lange Zeit eine Lausch- und Sendestation betrieben, um die Contras im Nicaragua-Krieg zu unterstützen. Auch die amerikanische Drogenbekämpfungsagentur DEA hat von dort aus geschnüffelt. Heute sind die Anlagen abmontiert. Die Isla del Tigre ist eine unpolitische, friedvolle Hängematteninsel; die Leute hängen ganz einfach in ihren Matten, zufrieden und ohne Buch.

In Amapala funktioniert die Europäische Union in der Langzeitperspektive. Die spanische Kooperation hat all die schönen Holzhäuser restauriert, die noch aus der „deutschen Zeit" stammen. Die in freundlichen Farben angepinselten historischen Gebäude sind ein Augenschmaus, genau wie die schmucke Kolonialkirche. Außerdem haben die Spanier eine lange Mole, eine Uferpromenade und einen Platz in ihrem Beton-Klotz-Stil spendiert, den wir von Mallorca und den Kanarischen Inseln kennen – Geschmackssache.

Richtige Hotels gibt es derer zwei in Amapala-Stadt. Das beste Haus am Platze ist die neu eröffnete **Casa de las Gárgolas.** Die sehr gepflegte Anlage erinnert an eine Ritterburg aus dem Spielzeugladen. Aus der Unterwelt geklaute Fabelwesen, die Gárgolas, verstärken den Geisterbahneffekt. Die Zimmer sind gut eingerichtet und klimatisiert. Einen kleinen Pool gibt es auch. Das originelle Hotel liegt im hinteren Teil von Amapala, leider nicht am Strand (Doppelzimmer je nach Größe zwischen 25 und 50 Euro). Das Hotel **Mirador de Amapala** am östlichen Stadtrand ist traumhaft über dem Meer gelegen, mit Treppchen und Anbauten verschachtelt und verbastelt. Es gibt einen Pool, Palmen und bunte Bilder, sogar ein Abendmahl-Fresko mit einer nackten Schönen am Rande der heiligen Tafel. Leider hat die notdürftig gepflegte Anlage ihre besten Zeiten hinter sich; doch verloren ist sie noch nicht. Die besten Zimmer direkt über dem Strand sind sauber und in akzeptablem Zustand; die Lage ist eigentlich unbezahlbar (Doppelzimmer ca. 30 Euro). Neben diesen beiden Hotels gibt es noch eine Reihe von einfachen Unterkünften.

Das **El Faro Victoria** ist „the one and only", das einzige wirklich nennenswerte Restaurant in Amapala-Stadt, direkt neben der Mole mit einem traumhaften Blick über die Bucht. Es gibt Fleisch, Huhn oder Fisch, bisweilen auch Krabben oder sogar Hummer. Ganz anständig essen kann man noch im Restaurant des Hotels Mirador de Amapala. Doch die geringe Auswahl an Lokalen ist nicht wirklich ein Problem; gehen Sie einfach zu einem der

Auf dem Lande im Süden

Hafenstadt San Lorenzo

Pommes Frites-Stände auf der Straße – die braten Fritten, wie die Belgier es nicht besser könnten.

Auf der Tigerinsel gibt es eine ganze Reihe von rustikalen Stränden. Man kann sie mit einem der sympathischen Dreirad-Taxis schnell und preisgünstig erknattern. Denn es sind weniger als 20 Kilometer, um die Insel einmal zu umrunden. Drei Kilometer von Amapala-Stadt gegen den Uhrzeigersinn liegt die **Playa Grande**, ein – wie der Name schon sagt – großer, aber nicht riesiger Strand. Der Sand ist voll gepflastert mit windschiefen Stelzenhäusern, Bretterverschlägen und bunten Fischerbooten. Hier ist die Eine Welt noch Dritte Welt, durchaus mit Charme. Am Ende der Playa Grande steht ein adrettes Lokal: Das Restaurante Dignita mit gutem Essen und den allseits beliebten, knallgelben Plastikstühlen. Die auf der anderen Seite der Insel liegende **Playa Negra** ist nicht wirklich schwarz; es ist ein aschgrauer Strand in einer malerischen Bucht. Das dortige Hotel Playa Negra hat eine sehr schöne Terrasse mit Blick über die ganze Bucht. Ansonsten erinnert die Anlage eher an ein Flüchtlingslager mit Schwimmbad (Doppelzimmer 40 Euro). An der **Playa del Burro** etwas östlich von Amapala gibt es ein paar Lokale und einen 1A-Blick auf die Meerenge. Das Restaurant Veleros vermietet ganz einfache Unterkünfte direkt am Strand. Um den „Eselsstrand" herum entstehen neue Hotels.

Aus **Choluteca** stammt der 1780 geborene und noch heute allseits verehrte Denker José Cecilio del Valle. Choluteca ist eine gepflegte Stadt, doch eigentlich nicht so wirklich etwas Besonderes. Doch wenn Sie schon einmal in der Nähe sind, fahren Sie ruhig in den Ort hinein. Der historische Zentralplatz hat die Jahrhunderte fast vollständig in seiner ursprünglichen Gestalt überlebt. Parkbänke mit Blick auf Uralt-Arkaden laden zum Verweilen ein. Wahrzeichen der Stadt ist eine elegant geschwungene Brücke über den Fluss.

Das kleine Örtchen **San Marcos de Colón** an der Panamericana kurz vor der Grenze mit Nicaragua hat einen der schönsten Zentralplätze von ganz Honduras. Es ist ein üppiger botanischer Garten mit einer Vielzahl von Bäumen, Sträuchern, Palmen und Rosenstöcken; eine wahre Pracht aus Pflanzen und Blüten. Dazu ein Tempelchen mit Statuen der Mutter Gottes und eine in Stein gegossene honduranische Fahne. In den Kronen der großen Bäume sitzen große, bunte Leguane und schauen auf die Menschen hinunter. Hinter dem Park steht eine lindgrüne Kirche; das Ganze wirkte auf mich wie die Kulisse aus einem christlichen Dschungelfilm.

Das Städtchen **Langue** liegt kurz vor der Grenze mit El Salvador. Fahren Sie von der Panamericana rechts ab etwa 6 Kilometer in die Gemarkung (ausgeschildert). Langue ist ein kaum gepflegtes Nest; doch von Gott verlassen ist es nicht. Das schlappe Kaff hat eine wunderschöne, San Antonio de Padua gewidmete Kirche aus dem Jahre 1804; für mich eins der schönsten Gotteshäuser in ganz Honduras. Das außergewöhnliche, wie ein

Kirche San Antonio de Padua in Langue

langer Tunnel gestaltete Kirchenschiff erinnert ein wenig an das elegante Rundbogendach des Berliner Hauptbahnhofs. In der Kirche stehen Heiligenfiguren, die richtig was daher machen.

Kuriositäten:

Die Hafenstadt **San Lorenzo** begrüßt Sie an der Panamericana-Straße mit einem originellen Pelikan aus Beton, der einen leckeren Fisch im Schnabel hält. Am zentralen Platz von San Lorenzo gibt es noch andere, teilweise ziemlich skurrile Tierfiguren zu bewundern.

Erlaubt ist das wohl nicht, aber durchaus etwas Besonderes. Bisweilen stehen Leute am Straßenrand und versuchen, eingefangene **Leguane** zu verkaufen.

11. Schlaglicht
Der wilde Osten – Olancho und die Mosquitia

Fughafen in Brus Laguna

Rauchende Colts und Cowboyhüte, Viehherden und bleihaltige Luft. Der wilde Westen von Honduras liegt im Osten des Landes. Der Drogenhandel ist in den letzten Jahren um zwei Drittel zurückgegangen. Dennoch kann man in der Provinz Olancho und in der Mosquitia bewaffneten Leuten begegnen, die wenig Verständnis für Naturtourismus und eine ganz andere Vorstellung von Abenteuerreisen haben. Olancho bringt aber durchaus nicht nur Revolverhelden hervor. Die letzten beiden honduranischen Präsidenten Manuel (Mel) Zelaya (2006 – 2009) und Porfirio (Pepe) Lobo (2010 – 2014) kommen beide aus der Provinz Olancho; Präsident Zelaya aus Catacamas und Präsident Lobo aus Juticalpa.

Es ist angeraten sich in Olancho nur auf den Hauptverkehrsstraßen zu bewegen. In der Mosquitia sollte man mit einem erfahrenen Reiseveranstalter reisen, der unerfreuliche Begegnungen zu vermeiden weiß. Dann ist eine Reise in die Mosquitia absolut ok und ein tolles Erlebnis. Sehr gute Erfahrungen habe ich mit Ecoaventuras von Jorge Salaveri (in La Ceiba) gemacht; ortskundig, professionell, sympathisch, flexibel.

Olancho:

Die größte Sehenswürdigkeit von Olancho sind die **Cuevas de Talgua bei Catacamas**. Sie sind im Vergleich zu den bekannteren Höhlen von Taulabé beim Lago de Yojoa die rustikalere Variante der Tropfsteinhöhle. Die Höhle ist ausgebaut und leicht begehbar, doch ihre Beleuchtung ist ziemlich desolat; Taschenlampe ist angesagt. Der Besuch lohnt sich. Vom Parkplatz an der nördlichen Stadtgrenze von Olancho (ausgeschildert) führt ein schöner Waldweg an einer malerischen Schlucht entlang zum Eingang. Dann geht es etwa einen halben Kilometer in die Unterwelt hinein. Die Tropfsteinformationen, Stalag-

titen und Stalagmiten sind beeindruckender als in der Taulabé-Höhle. Wer sich nicht scheut, im Finsteren herum zu kraxeln und durch dunkle, unterirdische Flüsse zu waten, kann mit einem der am Eingang bereitstehenden Reiseleiter noch viel tiefer in das verzweigte Höhlensystem eindringen. Das ist dann Abenteuer! Vielleicht hat so eine kleine Expedition auch etwas Übersinnliches – die indigenen Völker jedenfalls nannten solche unterirdischen Labyrinthe Intramundo – Zwischenwelt.

Hinter dem Eingang der Talgua-Höhlen beginnen tolle Wanderwege, die geradewegs in die Nebelwälder des Nationalparks Sierra de Agalta führen. Schon nach etwa einer halben Stunde gelangt man zu der ebenfalls sehenswerten, aber nicht ausgebauten Höhle **Cueva Grande**.

Olancho hat noch eine Reihe anderer **Höhlen**, die nur teilweise oder auch gar nicht erschlossen sind. Gehört habe ich von der Cueva de Tepescuintle im Park El Boquerón zwischen Juticalpa und Catacames, von den Cuevas de Comunayaca bei Juticalpa und von den Cuevas de Susmay bei Gualaco. Es muss aber noch andere geben. Mit Hilfe der Einheimischen kann man die Höhlen durchaus besuchen. Sie müssen einfach viel Zeit mitbringen und sich durchfragen.

In Catacamas macht demnächst ein **Museum** mit archäologischen Fundstücken der legendären, im Jahr 2015 entdeckten **Ciudad Blanca** auf. In ein paar Jahren sollen von Catacamas aus Hubschrauberflüge zu der geheimnisvollen Stadt selbst angeboten werden.

Ein recht gutes, zentral gelegenes Hotel in Catacamas ist das **Plaza Maria**, mit Pool und Balkonen (Doppelzimmer ca. 50 Euro). Etwas weiter außerhalb liegt das einfachere Hotel Papabeto (Doppelzimmer ca. 35 Euro).

Die schärfste Wildwest-Atmosphäre hat das Städtchen **Dulce Nombre de Culmí** im Norden von Catacamas. Richtige Hotels gibt es dort nicht; brauchbare Unterkünfte schon.

Eine Tour in die Mosquitia:

Das Biosphärenreservat Río Plátano ist Teil des nach Amazonien zweitgrößten Regenwalds Amerikas. Es ist Weltnaturerbe und die

Lunge Zentralamerikas, von unschätzbarem Wert für die Stabilisierung des Klimas. Irgendwo in den undurchdringlichen Wäldern liegt die sagenumwobene Ciudad Blanca, die verlorene, weiße Stadt. Das ist doch Grund genug, sich einmal dorthin zu begeben.

Unsere Reise in die Mosquitia führte uns mit einem kleinen zweimotorigen Flugzeug von La Ceiba nach **Brus Laguna**, von einer glatt asphaltierten Startbahn zu einer einsamen Staubpiste irgendwo jwd im Brachland. Der Blick aus dem Fenster auf den großen See, der nur durch einen schmalen Streifen Land vom Meer getrennt ist, hat was. Das Städtchen an der „Lagune des Braumeisters" ist tropisch schwül, verschlafen und aus Holz gebaut. Der Hauptplatz wurde ausweislich einer Gedenktafel nach Werner G. Marx, einem deutschen Missionar benannt.

Weiter ging es mit dem **Kanu**. Das ist romantisch und macht Laune, es gibt aber keine Business-Class; und wenn der Wind über die Lagune von Brus streift, hilft die Plastikplane über dem Kopf auch nicht so wirklich gegen die erbarmungslos ins Boot schlagende Gischt. Es ist nicht so ganz falsch, für längere Kanufahrten ein Sitzkissen mitzunehmen. Denn spätestens nach einer Stunde tut einem der Hintern weh – und der Romantik-Pegel sinkt.

Die **Mündung des Río Plátano** schiebt sich wie ein Trichter tief ins Land. An der Küste die Mangroven, ein traumhaft breiter Strand und das **Mesquito-Dorf Ras** mit recht schmucken Holzhütten und einer Atmosphäre, die zum Abhängen einlädt. Frauen waschen die Wäsche im Fluss, Hunde

In der Mosquitia

und Geier prüfen den Müll auf dem Strand, und das Meer zeigt mit seiner schäumenden Brandung, dass die Natur auch noch da ist.

In dem verschlafenen Ras wird bisweilen richtig Geld gemacht. Man fängt die vor der Küste kreuzenden Haie, und macht aus den Raubfischen einen in Honduras besonders zu Ostern beliebten Speisefisch. Außerdem enthalten die Flossen der armen Tiere ein Aphrodisiakum – das zumindest vermuten zahlungskräftige Kunden aus asiatischen Ländern. Die Haifilets werden auf dem Strand getrocknet und schließlich verkauft. Ein 50 Kg Sack soll mehr als 200 US$ bringen.

Auch wenn am unterem **Río Plátano** nur noch wenig vom ursprünglichen Regenwald übriggeblieben ist, bestimmt die Farbe Grün in all ihren Schattierungen das Landschaftsbild: Schilf, Weiden, Gestrüpp und nachgewachsene Bäume säumen das Ufer. Schildkröten hocken auf ihren Ästen und tun so, als ob die Welt noch in Ordnung wäre. Neben dem Fluss grasen stattliche Pferde mit glänzendem Fell, und zufriedene Kühe glotzen aufs Wasser. Kleine, weiße Reiher starten wie bei der Lufthansa-Reklame in den blauen Himmel. Dann gleitet eine bunt gekleidete Mesquito-Familie in einem mit leckeren Bananen beladenen Einbaum fröhlich den Fluss hinunter. Im Weltnaturerbe kommt Biosphären-Feeling auf. Mensch und Natur scheinen in Harmonie zu leben – na ja, nicht so ganz. Der Urwald ist fast weg; Leguane und Papageien machen sich rar, Affen, Tapire und der Jaguar sind aus Angst vor den Menschen ins tiefe, unwegsame Innere des Biosphärenreservats geflohen. Doch die mehrstündige Kanufahrt über den Fluss ist auch so noch ganz schön und bietet immer wieder gute Fotomotive mit Dschungel-Touch.

Las Marías, ein lauschiges Kaff weiter oben am Río Plátano ist auf den Tourismus eingestellt. Es gibt eine nette Unterkunft direkt am Fluss, wo auch recht lecker gekocht wird. Der kleine Ort ist der ideale Ausgangspunkt für Ausflüge in die umliegende Natur. Hinter Las Marías wird der Río Plátano noch an vielen Stellen von scheinbar undurchdringlichen, grünen Wänden eingefasst. Rechts und links der Wanderwege hängen Lianen, an denen Tarzan und Jane ihre helle Freude hätten. Was fehlt, das sind die Urwaldriesen und die dicken Baumkronen. Um echten Primärwald zu erleben, braucht es von Las Marías eine Tagestour mit Kanu und Gummistiefeln über Fluss, Stock und Stein. Wer Interesse hat, kann sich zeigen lassen, wie man mit einer klobigen Holzschale feine Goldkörner aus einem kleinen Nebenfluss wäscht.

An einem Ort mit dem rätselhaften Namen Walpaulban Sirpi ragen Felsbrocken mit **Petroglyphen** aus dem Fluss: Runen, Kreise und die Gesichter von Affen. Vielleicht sind es die Wegweiser zu der sagenumwobenen **Ciudad Blanca**, der verschwundenen Weißen Stadt, die ja auch „die verlorene Stadt des Affengottes" genannt wurde.

Auf dem Rückweg sind wir – wieder sechs Stunden mit dem harten Kanu – nach **Raistá** gefahren. Der hübsche Ort liegt auf einem schmalen Streifen Land zwischen dem Meer und der **Laguna de Ibans**. Ein Spaziergang über den breiten Karibik-Strand und zurück durch das langgezogene Dorf muss einfach sein. Die Sonnenuntergänge über der Lagune sind fantastisch. Leider hat die sympathische Ecolodge in Raistá 2013 dichtgemacht; doch das traumhaft gelegene Einfach-Hotel soll bald wieder aufmachen. Eine akzeptable, aber längst nicht so attraktive Unterkunft gibt es in Tampantini am Eingang der Laguna de Ibans.

Nicht versäumen: ein nächtliches **Rendevous mit den Kaimanen**. Einige der Reptilien sind noch recht klein; sie werden vom Reiseleiter kurzerhand geschnappt und an die, die wollen, weitergereicht.

Ein Erlebnis für sich ist die Rückfahrt über Land **mit Pick-up-Taxis von Batalla** bei Palacios **nach Tocoa**. In der ersten Morgendämmerung werden die Geländewagen am Ufer der Lagune so nach und nach mit Menschen und ihrem Krempel, mit lebenden Tieren, bisweilen auch mit stinkendem Fisch beladen. Ein kunterbuntes, chaotisches Gewusele. Und irgendwann geht es dann los, ein Pick-up nach dem anderen setzt sich in Bewegung. Der Weg führt vom Dorf auf den Strand, und dann fängt die Rallye richtig an: die Alltagsvariante von Paris-Dakar. Die schweren Geländewagen schleudern durch tiefe Spurrillen im Sand, steuern an einem quer liegenden Priel in die Meeresbrandung und kämpfen sich wieder heraus; die Autos jagen sich, möglichst immer etwas schneller als der, der gerade voran fährt. Bald erreichten wir die ersten strohgedeckten Hütten der Garífunas; ziemlich authentisches Afrika-Feeling kam auf; das hier könnte tatsächlich in der Nähe von Dakar sein. Dann ging es mit einer handbetriebenen Fähre über den Fluss. Zwischen Iriona und Limón fuhren wir plötzlich durch ein nicht enden wollendes Palmenland; riesige Plantagen, über eine Stunde lang Palmen, Palmen, Palmen, rechts und links des Weges nichts als Palmen. Irgendwann endete die unvergessliche Rallye in dem Provinznest Tocoa. Von dort fährt der Linienbus zurück nach La Ceiba.

Der **Wermutstropfen**: Vor etwa zehn Jahren war die Gegend um Las Marías noch Regenwald pur. Heute sieht zwar noch alles ziemlich grün und malerisch aus, die ursprüngliche Natur ist aber längst den

Menschen gewichen. Genauer gesagt sind es hauptsächlich Viehzüchter, die mit Motorsägen und ihren Rindviechern gnadenlos immer weiter in den Wald vordringen. Das Biosphärenreservat hat noch mehr Feinde: Es gibt Leute, die mit schwerem Gerät nach Gold schürfen; andere fischen mit Dynamit, sogar in der Kernzone des Schutzgebietes, die ja eigentlich nur von Tieren betreten werden darf. Wie schlimm es um den Wald steht, wurde mir besonders eindringlich bewusst, als ich in der urigen Unterkunft von Las Marías in der Nacht so gut wie keine Tierstimmen hörte – eine bedrückende Stille! In einem intakten Regenwald ist das ganz anders; da ist es so laut wie in einer vollbesetzten Kneipe. Affen, Vögel, Frösche und Grillen krakelen um die Wette. Nach dem Río Plátano ist jetzt auch der etwas weiter westlich fließende Río Sico im Visier der Motorsägen. Nicht umsonst hat die UNESCO das Biosphärenreservat Río Plátano auf die Rote Liste des gefährdeten Weltnaturerbes gesetzt.

Ein Alternativprogramm zu den von den Veranstaltern angebotenen Wanderungen und Flussfahrten mit den Minikanus: Verbringen Sie mal **einen ganzen Tag** in dem weitläufigen Dorf von **Las Marías**. Der Blick den Río Plátano entlang gibt gutes Regenwald-Feeling. Halten Sie ein Schwätzchen im Dorfladen; streunen Sie zwischen glücklichen Kühen und ihren Fladen herum. Es gibt so einiges zu entdecken. Da ist die stolze Sau mit ihren Ferkelchen; Hühner tapern in artgerechter Tierhaltung durch die Gegend. Auf einer wurmstichigen Veranda steht eine Singer-Nähmaschine mit Handkurbel, die schon Generationen von Indígena-Omas zu Diensten war; ein verschachteltes, bunt angepinseltes Hexenhaus in einem verwunschenen, tropischen Garten; neben dem winzigen Flugplatz, der gleichzeitig als Fußballfeld dient, ein imposantes, von der Weltbank finanziertes Besucherzentrum, das wahrscheinlich noch nie einen Besucher gesehen hat; doch den mittlerweile dort untergebrachten Soldaten gefällt es sicher auch ganz gut. Las Marías hat weniger als tausend Einwohner, aber sieben Kirchen aus Holz. Ausgediente Gasflaschen dienen ihnen als Kirchenglocken. Die größte der Kirchen hat einen

Anflug auf Puerto Lempira

stattlichen Turm, den es sich zu besteigen lohnt. Das älteste Gotteshaus stammt aus dem Jahre 1930 und kann sich nur noch mit der Hilfe des Herrn aufrecht halten.

Die ansonsten ziemlich unbekannte evangelikale **Iglesia Moraba** (Morabian Church) hat in der Mosquitia ganze Missionsarbeit geleistet. Sie hat die katholische Kirche locker abgehängt und ist bei den Mesquitos die mit großem Abstand bedeutendste Kirche. Allein in dem winzigen Las Marías hat sie vier Gotteshäuser.

Puerto Lempira ist nur mit dem Flugzeug zu erreichen, oder mit einem der Frachtschiffe, die das Örtchen von der karibischen Hafenstadt La Ceiba aus versorgen. Und so bleibt Puerto Lempira vorerst ein urwüchsiger Außenposten des 21. Jahrhunderts in der zeitlosen Weite von Savanne, Wald, Lagunen und Meer, von Nachfahren schwarzer Sklaven und indigenen Völkern, die eine Uhr nicht so wirklich brauchen. Es gibt noch keine einzige asphaltierte Straße, dafür einen fantastischen Blick über die **Lagune von Caratasca**, mit stattlichen 65 an 15 Kilometern die größte in der ganzen Mosquitia. Dazu zwei Supermärkte und zwei anständige Unterkünfte: Das gepflegte Hotel Pinares mit einem Pool, in dem gelegentlich auch Wasser ist (Doppelzimmer ca. 40 Euro) und das etwas sorgloser geführte Yu Baiwan Hotel mit Zimmern, die anders als beim Pinares nicht nur Innenhof-Blick haben (Doppelzimmer ca. 25 Euro). Beide Häuser haben gute Restaurants; das zum Yu Baiwan Hotel gehörige betört mit einer romantischen Holzterrasse mit Traumblick auf die Lagune. In den Restaurants werden fangfrische Langusten serviert, ortsüblich mit Ketchup und einer Flasche Bier dazu. Die edlen Krustentiere werden an der Mosquitia-Küste im großen Stil aus dem Meer geholt und gehören quasi zu den Grundnahrungsmitteln.

Ansonsten wirkt Puerto Lempira mit seinen langen Reihen von Bretterverschlägen irgendwie unfertig und improvisiert. Lange Zeit hatten hier die Drogenhändler das Sagen, schlimme Kerle, die paradoxerweise den Menschen das gegeben haben, was sie dringend brauchen: Arbeit und Geld, aber eben auch Gewalt und Unsicherheit. Seit 2014 ist das Städtchen deutlich ruhiger geworden. Auch die zwei **Krokodile** auf einem der wenige Bürgersteige von Puerto Lempira sind absolut harmlos; denn sie sind aus Beton. Um 20.00 Uhr werden die sandigen Trottoirs hochge-

klappt; und danach sollte man auch heutzutage besser nicht mehr durch die verlassenen Holpergassen streunen.

Vom Tourismus gibt es in Puerto Lempira erst einmal nur Träume; kein Touristenbüro, keine Reisegesellschaft, nichts ist organisiert; aber vielleicht muss das ja auch alles nicht sein. Die Leute sind freundlich und haben Zeit, Ihnen zu helfen. Die **örtliche Frauengruppe MIMAT** betreibt ein kleines Internet-Café. Dort organisiert man Ihnen Transport und Ausflüge in die Umgebung. Man sollte viel Zeit im Gepäck haben – und wenig Ansprüche. Am Lagunenstrand von **Mistruk** stehen ein paar Hütten, die an Reisende vermietet werden; Gastfreundschaft und guter Wille sind da, und die Fische zum Essen holt man Ihnen aus dem Wasser. An der Küste kann man mit etwas Glück kleinere Krokodile beobachten. Auch Seekühe soll es geben. Der Kazike von Mistruk erzählt von fünf Meter langen Leguanen – Mythos oder

Realität? Vielleicht ist es der Mühe wert, dieser Geschichte einmal nachzugehen.

Harte Wetter-Schnitte in Puerto Lempira in der zweite Jahreshälfte: Gleißende Sonne am strahlend blauen Postkartenhimmel, und eine halbe Stunde später kann es wie aus Tanklastwagen schütten. Blitze schießen durch die Luft; krachende Donner kündigen das Ende der Welt an, welches dann doch nicht kommt – aber es war ein irres Erlebnis.

In Puerto Lempira

Impressionen aus dem „wilden Osten"

12. Schlaglicht
Trujillo – ein ganz besonderes Städtchen

Die Festung Santa Barbara in Trujillo

Am Strand von Trujillo

Trujillo im Nordosten von Honduras ist ein touristisches Juwel im Dornröschenschlaf. Das Städtchen liegt heute ziemlich weit ab vom Schuss. Doch das war nicht immer so. Trujillo hat eine abwechslungsreiche und kuriose Vergangenheit. Die erste Hauptstadt von Honduras entwickelte eine fast schon magische Anziehungskraft für Glücksritter und schräge Typen, Ganoven, Verrückte und Geschäftemacher. Für mich ist Trujillo einer der faszinierendsten Orte im ganzen Land, so ein Ort, an dem zwischen bröckelnden Fassaden Stories und Legenden, große Geschichte und bizarre Geschichten in der Luft wabern. Hier sind die Hauptdarsteller:

Die spanischen Konquistadoren – keine wirkliche Liebe

Trujillo war der Ort, an dem Christoph Kolumbus zum ersten Mal lateinamerikanisches Festland betreten hat. Doch es hat ihm nicht besonders gefallen. Nach kurzer Zeit reiste er von Mücken und anderem Ungemach geplagt wieder ab. Wieder zurück auf seinem Schiff soll er gesagt haben „Gracias a Dios pudimos salir de estas Honduras – Gott sei Dank sind wir aus diesen Tiefen wieder herausgekommen." Von diesem despektierlichen Ausspruch soll sich angeblich der Name Honduras ableiten. Dennoch wurde Trujillo die erste Hauptstadt von Honduras. Der Ort wurde nach der Heimatstadt des Konquistadors Francisco de las Casas benannt. Dabei war de las Casas selbst niemals in Trujillo gewesen. Schon Mitte des 16. Jahrhunderts war Schluss mit Metropole; der Regierungssitz wurde erst nach Comayagua und dann nach Tegucigalpa verlegt.

Lupe de Aguirre – der Zorn Gottes in Trujillo?

Manche sagen, dass Lupe de Aguirre, die historische Vorlage für Klaus Kinski im Werner Herzog-Film „Aguirre, der Zorn Gottes", vor seinen Südamerika-Abenteuern in Trujillo gewesen sein soll. Gesichert ist das nicht.

Die Piraten – ungebetene Gäste

Puerto Castilla bei Trujillo ist der tiefste Hafen an der honduranischen Nordküste. Ob Gold, Silber oder Bananen, Trujillo ist von jeher ein wichtiger Umschlagplatz gewesen. Das hatte sich schon sehr früh bei den Piraten herumgesprochen. Auch das 1575 errichtete Fort hat der Anziehungskraft des Ortes für finstere Gesellen keinen Abbruch getan. Britische, französische und holländische Freibeuter haben es im 16., 17. und 18. Jahrhundert immer mal wieder geschafft, die Festung zu knacken. Mehrfach wurde Trujillo nahezu völlig zerstört.

Die Garífunas – besser Trujillo als St. Vincent

Die Garífunas sind eine Volksgruppe, die sich auf der Karibikinsel San Vincent herausgebildet hatte, eine Mischung aus Kariben und afrikanischen Sklaven. Ende des 18. Jahrhunderts übernahmen die Engländer St. Vincent. Sie betrachteten die dort lebenden Garífunas als Feinde und haben sie kurzerhand deportiert, zunächst nach Roatán und später auch an die honduranische Nordküste. Hier haben die Garífunas ihre Ruhe gefunden und konnten frei leben. Ihre typischsten Dörfer in der Nähe von Trujillo sind Santa Fé, San Antonio und Guadalupe.

William Walker – der Besessene mit den eisgrauen Augen

Der 1824 in Nashville, Tennessee geborene William Walker war ein Freibeuter der besonderen Art. Er war davon besessen, ein eigenes Land zu regieren. Erst hatte der Amerikaner mit dem kalten Blick auf mexikanischem Territorium die Republik Sonora ausgerufen. Das ging schief. Auch seine denkwürdige Zeit als Präsident von Nicaragua dauerte nicht länger als zwe Jahre. 1857 wurde er wieder zum Teufel gejagt. Walker startete einen dritten Versuch und ging 1860 mit neuen Eroberungsplänen in Truji lo an Land. Doch die Honduraner hatten aufgepasst und machten kurzen Prozess. Walker wurde festgenommen und am 12. September desselben Jahres füsiliert. Von seinem Grab auf dem alten Friedhof von Trujillo geht noch heute ein seltsamer, böser Zauber aus.

O. Henry – der Erfinder der Bananenrepublik

O. Henry, mit bürgerlichem Namen William Sydney Porter war nicht nur ein begnadeter Schriftsteller; wegen einer Veruntreuung stand ihm eine Knastkarriere bevor. Da entschloss er sich, die Biege zu machen und versteckte sich 1896 für etwas mehr als ein halbes Jahr in einem Hotel n Trujillo. Die Hafenstadt inmitten von riesigen Bananenplantagen inspirierte ihn zu dem Roman „Kohlköpfe und Caballeros". Das Buch spielt in der fiktiven Republik Anchora, für die er den Begriff „Bananenrepublik" prägte. Gemeint war Honduras. Für eine Zeitlang wurde das Land zum Inbegriff der Bananenrepublik schlechthin. Nicht sc ganz zu Unrecht. Denn O. Henry beschrieb in seinem Roman den von einem US-amerikanischen Bananen-Konzern in Anchora inszenierten Staatsstreich. Genau dies passierte im Jahr 1911 in Honduras. Samuel Zemurray, der Chef der Cuyamel Fruit Company stellte dem abgesetzten honduranischen Ex-Präsidenten Manuel Bonilla eine Söldnertruppe zur Verfügung und putschte ihn zurück an die Macht. Seiner Firma wurde mit Ländereien und Steuerbefreiungen großzügig gedankt. Die Realität hatte die Fiktion der Bananenrepublik eingeholt. Und weil es so schön war, hat Samuel Zemurray im Jahr 1954, jetzt als Chef der United Fruit Company, einen Staatstreich gegen den guatemaltekischen Präsidenten Arbenz orchestriert.

Das war einmal das deutsche Konsulat in Trujillo

United Fruit Company – alles Banane und viel Diplomatie

Von 1920 bis 1950 war Trujillo einer der größten Bananenhäfen der Welt. Im Hinterland der Stadt lagen die riesigen Plantagen der United Fruit Company. Banane bedeutete Geld, und wo Geld ist, muss auch die Politik sein. So wurden in Trujillo Konsulate der USA, Großbritanniens, Spaniens und auch Deutschlands eröffnet – und in den 1950er Jahren wieder geschlossen, als der Bananenboom vorbei war.

Deutsche U-Boote – eine Insel wird zum Korallenriff

Im 2. Weltkrieg kreuzten deutsche U-Boote vor der honduranischen Karibik-Küste. Die Operation hieß Paukenschlag, und ihre Aufgabe war es, Handelsschiffe der Alliierten zu attackieren. Einige der U-Boote versteckten sich bei dem Inselchen Cayo Blanco vor dem Dorf Santa Fe bei Trujillo. Die honduranische Luftwaffe und die US-amerikanische Marine griffen ein. Sie bombardierten das Inselchen so heftig, dass es schlicht von der Landkarte verschwand. Aus seinen unter Wasser liegenden Resten hat sich über die Jahre zur Freude der Taucher/innen ein Korallenriff gebildet.

Oliver North und die CIA – in geheimer Mission

In den 1980er betreiben die US-Amerikaner in der Nähe von Trujillo ein militärisches Ausbildungslager für die Contra-Rebellen Nicaraguas (CREM – Centro Regional de Entrenamiento Militar). Auch Widerstandskämpfer aus El Salvador und honduranische Soldaten wurden hier ausgebildet. Mastermind dieser Operation war Oliver North, der später wegen der Iran-Contra-Affäre angeklagte Adlatus des damaligen Präsidenten Ronald Reagan. Der CIA machte einen Deal mit dem honduranischen Drogenbaron Ramón Matta Ballesteros. Waffen und Ausrüstung wurden mit denselben Flugzeugen nach Honduras transportiert, die das Kokain in die USA brachten, vermutlich auch über Trujillo. In Erinnerung dieser denkwürdigen Aktionen wird die damals für das CREM-Lager errichtete Landebahn direkt hinter dem Hotel Christopher Columbus von den Einheimischen noch heute unter vorgehaltener Hand Oliver North-Piste genannt.

Guadalupe Carney – Gottesmann, Revoluzzer und Volksheld

Eigentlich hieß er Father James Carney. Doch der sendungsbewusste Jesuitenpriester ließ sich in Honduras einbürgern und nannte sich fortan Guadalupe Carnay. Der honduranische Staat wurde nicht so recht glücklich mit dem Neubürger. Denn Carneys Credo war „To be a Christian, to be a Revolutionary – Christ sein heißt Revolutionär sein." Er machte bei der Sandinisten-Revolution in Nicaragua mit und stellte auch in Honduras eine kleine Widerstandsgruppe auf, die unter anderem in der Gegend um Trujillo aktiv wurde. Wirklichen Erfolg hatte der honduranische Che Guevara indes nicht. 1983 kam er unter bis heute ungeklärten Umständen ums Leben, ohne viel erreicht zu haben. Doch die einfachen Leute in Trujillo haben ihm sein Engagement nicht vergessen. Sie benannten einen kleinen Ort zwischen Trujillo und Puerto Castilla nach ihm: Guadalupe Carney.

Chartered City – ein blühender Staat im Staate?

Der liberale Wirtschaftsprofessor Paul Romer hatte eine Idee: auf dem Territorium sog. Entwicklungsländer wirtschaftliche Modellstädte (chartered cities, auf spanisch ciudades modelo) einzurichten. Diese Städte sollen quasi aus dem Staatsgebiet ausgekoppelt und einem internationalen Verwaltungsrat unterstellt werden. Sie haben eine eigene Verwaltung und eigene Gesetze. Das Ganze soll so gestaltet werden, dass ausländische Investoren angezogen werden. Es ist heftig umstritten, ob die Modellstädte wirtschaftlichen Erfolg bringen oder ob sie nur eine Neuauflage der Bananenrepublik à la United Fruit Company sind. Die honduranische Regierung hat diese gewagte Idee aufgegriffen und gegen die Bedenken des Verfassungsgerichtes durchgesetzt. Die Gegend um Trujillo gehört zu den Gebieten, die für so eine Modellstadt vorgesehen waren. Eingerichtet worden ist sie noch nicht, doch es gibt eine ganze Reihe hauptsächlich kanadischer Investoren, die größere Ländereien an der Küste gekauft haben.

Randy Jorgensen – ein Porno-König sattelt um

Der schillerndste Investor ist Randy Jorgensen, der zuvor als King of Porno das kanadische Wirtschaftsleben bereichert hatte. Als die Pornoindustrie durch das Internet ins Schlingern geriet, sattelte Jorgensen um und investierte in Trujillo. Er baute den 2014 eröffneten Kreuzfahrt-Hafen „Banana Coast" und plante, um Trujillo herum eine Tourismusindustrie mit einem jährlichen Umsatz von 100 Mio. US$ aufzubauen: Hotels, Resorts, Ferienwohnungen. Doch schon bald geriet der Pornokönig in schweres Fahrwasser. Die Garífuna-Organisation OFRANEH hat ihn vor dem Amtsgericht Trujillo verklagt. Jorgensen hatte den Garífunas Land für ein paar Dollar abgekauft und nach ein paar Infrastruktur-Maßnahmen für ein Vielfaches des Preises weiterverkauft. Da die Garífunas aber keine normalen Eigentumsurkunden, sondern Gemeinschaftstitel haben, war der ursprüngliche Verkauf rechtlich wahrscheinlich gar nicht wirksam. Da hätte vermutlich kein Hahn nach gekräht, wenn die mit den Gepflogenheiten des Kapitalismus wenig vertrauten Garífunas sich nicht übervorteilt gefühlt hätten. Doch jetzt ist der Konflikt da – Ende offen.

Highlights:

Wem das zu viel der alten Zeit ist, gehe an einen der wunderschönen, breiten weißen Strände westlich von Trujillo. So nach und nach entstehen hier Hotels, Resorts und Apartmentanlagen der gehobenen und ganz hohen Kategorie.

Das **Grab von William Walker** ist eigentlich recht unscheinbar. Doch als ich davorstand, habe ich tatsächlich den Atem dieser ganz und gar verrückten Geschichte gespürt. Die Grabstätte auf dem alten Friedhof von Trujillo ist leicht zu finden, da der halb verwilderte Gottesacker nicht besonders groß ist. Die Öffnungszeiten sind Dienstag bis Sonntag von 8 bis 12 Uhr und von 13 bis 16 Uhr. Sie werden nicht immer eingehalten; doch da die Friedhofsmauer niedrig ist, ist das nicht so wirklich ein Problem.

Tipps:

Der zentrale Platz von Trujillo heißt **Parque Colón**. Dort steht aber kein Kolumbus-Denkmal; vielleicht, weil er sich so abfällig über Honduras geäußert haben soll.

Direkt am Hauptplatz liegt das in Teilen erhaltene und restaurierte **Fort Santa Barbara** mit einer ganzen Reihe von aufs Meer gerichteten Kanonen aus der alten Zeit. Eine sehenswerte Anlage!

Auch sonst kann man in Trujillo prächtig auf den **Spuren der Geschichte** wandeln und sich die ehrwürdigen, vom Zahn der Zeit angenagten Gebäude der in den 1950er geschlossenen Konsulate der USA, Großbritanniens, Spaniens und auch Deutschlands ansehen. Es sind (noch) keine Museen. Wenden Sie sich an Jon Tompson, den Inhaber der netten **Cafetería Vino Tinto** am Parque Colón. Jon lebt seit vielen Jahren in Trujillo und ist ein passionierter History-Fan. Wenn er Zeit hat, macht er gerne einen Spaziergang mit Ihnen durch das historische Trujillo. Mit Voranmeldung kommt man auch in das britische Konsulat. Die Regierung des Vereinigten Königreichs hat es seinerzeit einfach abgeschlossen und alles so stehen lassen, wie es war; vom Schreibtisch des Konsuls bis zum Bild der Königin.

Seit ein paar Jahren gibt es in Trujillo einen Hafen für Kreuzfahrtschiffe mit dem originellen wie geschichtsträchtigen Namen **Banana Coast**. Er liegt am östlichen Ortseingang hinter dem Strand der Bucht von Trujillo. Die Bucht ist gut zum Schnorcheln geeignet; man kann sogar Seesterne bewundern. Gleich am Ufer ragt der Schornstein einer versenkten Lokomotive aus den Fluten – auch so ein Rest vergangenen Ruhms. Im letzten Jahrhundert hatte es an der Nordküste ein verzweigtes Eisenbahnnetz gegeben.

Das **Hotel Christopher Columbus** hat recht große Zimmer und eine geschmackvolle Poolanlage (Doppelzimmer ca. 60 Euro). Es liegt direkt an einem großen, gepflegten Strand am östlichen Ortseingang von Trujillo, nicht weit vom Zentrum der Stadt entfernt.

Das **Hotel Casa Alemania** liegt am Strand gegenüber vom Kreuzfahrthafen. Es hat eine gemütliche Bar/Restaurant. Auf Wunsch kocht der deutsche Inhaber persönlich. Er kann so gut kochen, wie wir es von Muttern gewöhnt sind. Als wir da waren, gab es eine köstliche Lammkeule. Die Hotelanlage wird erweitert; das sorgt für etwas Baustellen-Flair; die Zimmer sind anständig (Doppelzimmer ab 35 US$).

Das von Kanadiern geführte **Tranquility Bay Beach Retreat** liegt etwa 5 Kilometer westlich von Trujillo ganz für sich alleine direkt am Strand. Zu der gepflegten Anlage gehören einfache, aber gemütliche Bungalows und zwei nette Hausaffen. Ein bisschen Paradies-Atmosphäre für etwa 70 Euro pro Apartment.

Ein Stück weiter kurz vor dem Garífuna-Dorf Santa Fe ist die großzügig gestaltete, direkt an einem weitläufigen Sandstrand gelegene **Banana Beach-Anlage**; der Mitbesitzer ist ein Deutscher (Doppelzimmer ca. 80 Euro).

Zwischen Tranquility Bay Beach Retreat und Banana Beach liegt die **Campo del Mar-Anlage**. Sie bietet mehrere Naturparks, Strände, Schwimmbäder, Wanderwege, Reitpferde, eine Zipline durch den Regenwald und einen Tiergarten.

Im Hinterland von Trujillo erhebt sich bis in eine Höhe von etwa 1.300 Metern der Bergregenwald des **Capiro Calentura-Nationalparks**. Es gibt herrliche Wanderwege mit tollen Aussichten über die Bucht von Trujillo. Am Rande des Schutzgebietes liegen die ohne einen einheimischen Führer kaum zu findenden Höhlen von Cuyamel. In ihnen sind Keramik und kunstvoll gearbeitete Steine gefunden worden, die aus präkolumbischen Kulturen stammen.

Die **Laguna de Guaimoreto** östlich von Trujillo ist etwas für Liebhaber tropischer Vögel. Man kann auch Touren mit dem Kanu durch die Mangrovenkanäle unternehmen.

Kuriositäten:

Das Mittelklassehotel Christopher Columbus steht genau zwischen dem Strand und einer **Landepiste** für Kleinflugzeuge. Ein richtiger Flughafen mit Abfertigungshalle und Tower ist es nicht; dafür stehen bisweilen die Kühe auf der Piste. Die seltsame Landebahn ist die erwähnte „Oliver North-Piste" der CIA-Mission gegen Nicaragua.

Ostalgie unter Palmen: Über der gemütlichen Bar des Hotels Casa Alemania hängen Flaggen aus der ganzen Welt; auch eine deutsche, allerdings die der DDR. Der Inhaber ist ein Ostdeutscher, der nach der Wende über die USA nach Honduras gekommen ist.

Wenn jemand sein Leben lang alles Mögliche sammelt, dann entsteht ein skurriles Museum. **Rufino Galán** hat das gemacht. Sein 1954 eröffnetes **Museum** ein paar Blocks südwestlich vom zentralen Platz in Trujillo ist einen Besuch wert, ein herrliches Sammelsurium aus Tand und Trödel; dazu gehört eine riesige Menge archäologischer Fundstücke, sowohl echte als auch nachgemachte. Ergänzt wird das Ganze durch ein öffentliches Schwimmbad.

13. Schlaglicht
Essen und Trinken

Ende 2013 hat man heimlich, still und leise die riesige Coca Cola Reklame auf dem Picacho-Hügel oberhalb von Tegucigalpa abgebaut. Mit Recht, denn kulinarisch hat Honduras mehr zu bieten als Cola und Burger, und das zu Preisen, die zumeist deutlich günstiger sind als in Deutschland. Nur Haute Cuisine und Sterne-Küche sind so gut wie nicht vertreten. Dabei gibt es in Honduras doch genug Großgrundbesitzer-Familien, schwerreiche Unternehmer und Drogenbarone, die sich exquisite Lokale ohne weiteres leisten könnten. Doch die Gastronomie bleibt auch in den großen Städten bescheiden im Mittelklasse-Bereich. Hier ein paar typische Sachen, die mir aufgefallen:

Beim **Anafre** isst das Auge mit – in einem blubbernden Feuertopf aus Ton werden Frijoles, die landestypische Bohnenpappe gereicht; in der XL-Version sind auch Käse und Fleisch oder Wurst hineingemischt.

Baleadas, das sind weiche Weizenmehl-Tortillas, in die alles mögliche Leckere hineingelegt wird: Eier, Bananen, Avocado oder was sonst Herz und Gaumen so begehren.

Krabben oder kleine Stücke Fisch, in einer köstlichen Marinade, das ist **Ceviche**. Wer in Honduras war und kein Ceviche probiert hat, war kulinarisch gesehen gar nicht im Land.

Chicharrones sind hart gebratene Schweinehaut-Stücke.

Chimichurri ist die Latino-Variante vom italienischen Pesto, ideal zu Steaks.

Immer nur Coca Cola trinken kann langweilig werden. Deshalb stellt man im Westen des Landes knallbunte, einheimische Limonaden her: **Copán Dry**; mal was anderes und sehr süß.

Zu Fleischgerichten, aber manchmal auch schon zu einem opulenten Hotelfrühstück wird **Chismol** gereicht: kleingehackte Tomaten, Zwiebeln und Paprika in einer leckeren Essig-, Öl-, und Koriandermarinade.

Empanadas heißen die würzigen Teigtaschen, die mit allen möglichen leckeren Sachen wie Käse, Hackfleisch oder auch Gemüse gefüllt sind.

Escabeche ist köstlich eingelegtes Gemüse, in anderen Ländern würde man Mixed Fickles sagen.

Frijoles nennt man eine Pappe aus dunklen Bohnen. Frijoles sind Grundnahrungsmittel in Honduras; ein Essen ohne sie ist kein richtiges Essen.

Golosinas sind landestypische Süßigkeiten; sehr beliebt und sehr süß.

Gringas sind – kulinarisch gesehen – keine Amerikanerinnen, sondern runde, mit Fleisch, Schmelzkäse und sonstigen Leckereien gefüllte Weizenmehltortillas.

Guifity ist ein an der Nordküste populärer, bekömmlicher und gesunder Amargo, eine Art Fernet Branca light aus verschiedensten

Kräutern; manche sagen sogar Marihuana sei dabei. Die Garífunas füllen die Kräuter mit Yuscarán, dem landesüblichen Fusel auf. Leckerer und dem Fernet näher ist die Mischung mit Ron Plata, einem billigen, aber recht guten, einheimischen Rum.

Horchata ist ein mächtiges Getränk aus Getreide, Reis, Mandeln oder Sesam.

Oft werden geröstete **Maiskolben** am Straßenrand verkauft; mit Zitrone und Salz schmecken sie besonders gut.

Pan de Coco ist aus Kokosfleisch und Weizen gebackenes Brot, eine Spezialität der Garífunas an der honduranischen Karibikküste.

Tortillas sind Trumpf; **Pupusas** nennt man die Maismehlvariante, am liebsten dick gefüllt mit Schmelzkäse und Frijoles; dazu gibt es Krautsalat.

Quesadillas sind Süßbrötchen, die mit einer Masse aus Frischkäse und anderen Zutaten gefüllt sind.

Auf der Insel Roatán wird ein recht schmackhafter Rum abgefüllt. Standesgemäß für eine ehemalige Pirateninsel hat er den Namen **„Pirate's Grog"** erhalten.

In der Vorweihnachtszeit gibt es **Rompopo**, eine Art Eierlikör, der sich prächtig als Soße für Süßspeisen eignet. Manch gute honduranische Hausfrau mischt den Rompopo selbst, es gibt ihn aber auch in Flaschen zu kaufen.

Der guatemaltekische **Ron Zacapa** ist der beste Rum Zentralamerikas. Die älteren Jahrgänge können locker mit den besten Brandys aus Spanien mithalten.

Rosquillas sind frittiertes Gebäck, als Nachspeise gerne mit Honig gereicht.

Die bekannteste honduranische Biersorte heißt **Salva Vida**; der Name deutet aber nicht wirklich auf „Lebensretter" hin – es ist eine Abkürzung der Namen der Gründer der Brauerei. Salvador Vaccaro y Vicente D'Antoni.

Tamales heißen in Bananenblätter eingewickelter Reis, Kartoffeln, Kichererbsen und Fleisch.

Tapado ist ein afrohonduranisches Rezept der Garífunas – eine Suppe aus Meeresfrüchten, Yuka und Kokosmilch.

Típico – das Typische ist das ein und alles der honduranischen Küche, zum Frühstück genauso beliebt wie zum Mittagessen oder zum Dinner. Es besteht aus Frijoles, Avocado, Spiegelei, Käse, Sauerrahm und manchmal Chismol; dazu eine Wurst oder ein Stück Fleisch.

Was bei uns die Pommes Frites, sind in Honduras die **Tostones**, knusprig frittierte Kochbananenscheiben.

Zu Zeiten der Globalisierung darf nicht unerwähnt bleiben, dass es mittlerweile auch in Honduras **Currywurst** gibt. Auf dem Parkplatz vor dem Einkaufszentrum El Dorado in Tegucigalpa steht ein Imbisswagen, der sie anbietet. Auch im Hotel Rainbow Village in La Ceiba und in der Kneipe Sol de Copán in Copán Ruinas rundet die deutsche Currywurst die Speisekarte ab.

14. Schlaglicht
Bücher und Filme über Honduras

Romane und Reportagen

Highlights:

Ramón Amaya Amador
Das grüne Gefängnis, 1958

Einer der größten honduranischen Romane überhaupt. Amaya Amador beschreibt die Zustände auf den Bananenplantagen Mitte des 20. Jahrhunderts. Die waren gar nicht schön. Doch der Roman ist sehr schön, sehr politisch und poetisch zugleich. Gekonnt stellt Amaya die betörende Natur des Aguán-Tals gegen die skrupellose Ausbeutung der Arbeiter auf den Bananenplantagen – eine von Menschen gemachte Tragödie vor einer traumschönen Kulisse. Unterdrückung und Not, Waffen und Schnaps sorgen dafür, dass das Böse im Menschen leichtes Spiel hat. So sind auch die Arbeiter auf den Plantagen alles andere als nett zueinander. Ein Menschenleben ist nicht viel mehr wert als eine Kugel im Lauf; Missbrauch von Frauen ist ein Kavaliersdelikt. Doch es gibt auch mutige Menschen, die diese Zustände ändern wollen. Wird es gelingen? Der Roman bleibt bis zum Schluss spannend.

Patrick Deville
Pura Vida, Leben und Sterben des William Walker, 2007

In diesem flotten History-Schinken geht es im Kern um die Geschichte des US-amerikanischen Glücksritters William Walker, der Mitte des 19. Jahrhunderts irgendwo in Mexiko die Republik Sonora ausrief, kurze Zeit später für knapp 2 Jahre Präsident von Nicaragua war und schließlich im honduranischen Trujillo standrechtlich erschossen wurde. Doch nicht nur das. Der Ich-Erzähler reist im Jahre 1997 durch Nicaragua und Honduras, um Walkers schräges Leben zu recherchieren. Über scheinbar zusammenhanglose Rück-, Quer,- und Vorwärtsblenden eröffnet Deville ein vielschichtiges Kaleidoskop der Eroberungen und Revolutionen, Träume und Tragödien Lateinamerikas. Von Simón Bolívar und Francisco Morazán bis zu Che Guevara und den Sandinisten haben fast alle lateinamerikanischen Helden ihren Auftritt. Lediglich der legendäre Honduraner Florencio Xatruch kommt zu kurz, obschon er es doch war, der William Walker aus Nicaragua vertrieben hat. Der knackige Reportagestil und die griffigen Reisebeschreibungen aus der Gegenwart lassen den nicht ganz so leichten Stoff niemals langweilig werden. Geschichte zum Anfassen – Pura Vida halt, pures Leben, damals wie heute. Für Kinogänger: Der Hinweis im Vorwort, das Leben des William Walker sei unter dem Titel „Queimada" mit Marlon Brando verfilmt worden, ist eine Ente. Queimada erzählt eine ganz andere Geschichte.

Christopher S. Steward
Jungleland, 2013

Die zum Roman gewordene, authentische Geschichte zweier Expeditionen (1940 und 2009) auf der Suche nach der legendären Ciudad Blanca. Der investigative Journalist Steward wandelt auf den Spuren des mysteriösen Abenteurers Theodore Morde, der im Jahre 1940 behauptet hatte, die Weiße Stadt in der honduranischen Mosquitia entdeckt zu haben. Nicht nur das; tief in den undurchdringlichen Tropenwäldern stehe ein gigantisches Abbild eines Affen. Und so nannte Morde den geheimnisvollen Ort „die verlorene Stadt des Affengottes". Es gelang dem Autor die Tagebücher und Karten von Theodore Morde aufzustöbern. Dann machte er sich selbst auf nach Honduras und wiederholte knapp 70 Jahre später exakt dieselbe Expedition. Steward hat tatsächlich etwas gefunden – die Weiße Stadt? Das Bildnis des Affengottes? Das gut recherchierte und spannend geschriebene Buch wechselt dramaturgisch clever zwischen Szenen der ersten Expedition und dem Remake der Reise im Jahre 2009. Die einfache, journalistische Sprache lässt verschmerzen, dass es Jungleland nur auf Englisch gibt.

Tipps

Alfred Bollinger
Mit dem Ball zu den Sternen, 2005
Fußball- und Hondurasroman. Ein Junge aus einem Armenviertel von Tegucigalpa wird zum Fußballstar und kommt in die honduranische Nationalmannschaft. Dann versucht er sein Spielerglück in Europa bei den Grasshoppers Zürich. Insgesamt leichte Kost mit ein paar ganz gelungenen Beschreibungen von Land, Leuten und der Geschichte des Landes, natürlich einschließlich des berühmt, berüchtigten Fußballkriegs. Vom Fußball versteht der Autor indes deutlich mehr als von Honduras.

Peter Chapman
Bananas –
How the United Fruit Company shaped the World, 2007
Der Autor hat ausgiebig recherchiert und kennt sich als Journalist für die Financial Times gut mit dem Kapitalismus aus. Ein spannend aufgezogener Blick hinter die Kulissen der berühmt, berüchtigten United Fruit Company. Leider nur in Englisch.

O. Henry
Kohlköpfe und Caballeros, 1904, 1979
Der amerikanische Schriftsteller O. Henry, der eigentlich William Sydney Porter hieß, lebte eine Zeitlang in dem Hafenstädtchen Trujillo an der honduranischen Nordküste. Er versteckte sich dort vor den US-amerikanischen Staatsanwälten und schrieb – inspiriert vom Treiben der Bananenfirmern und der von ihnen gekauften Regierungen – diese lustige Realsatire. Es heißt, dass durch diesen Roman der Begriff Bananenrepublik geprägt wurde. Das Wort kommt allerdings in dem gesamten Werk nur zweimal vor, auf Seite 86 und auf Seite 192.

Ryszard Kapuscinski
Der Fußballkrieg, Berichte aus der Dritten Welt, 1988, 1991
Aus dem legendären Fußballkrieg zwischen Honduras und El Salvador hat Kapuscinski eine literarische Frontberichterstattung gemacht. Hemingways „Wem die Stunde schlägt" lässt grüßen. Der Titel des Buches täuscht ein wenig, denn mal abgesehen von den knapp 40 Seiten Fußballkrieg spielen die Reportagen dieses Sammelbandes in Afrika.

Marc Levy
Wo bist Du? 2001, 2004
Liebe, Trennung und das Leid eines Landes. 1974: der schreckliche Hurrikan Fifi hat Honduras verwüstet. Susan verlässt ihre Jugendliebe Philipp und geht als Freiwillige für den Peace Corps nach Honduras. Ihr Verlangen, den Menschen zu helfen, ist stärker als die Sehnsucht nach Philipp. Susan bleibt in Honduras, Philipp in den USA; doch die alte Liebe bleibt irgendwie bestehen. Eines Tages steht ein kleines Mädchen vor Philipp's Tür. Es ist Lisa, die Tochter von Susan, und die Geschichte nimmt eine überraschende Wendung, ... und ganz am Ende des Romans nimmt sie noch einmal eine Wendung. Der gelungene Unterhaltungsroman mit ernstem Hintergrund und viel Psycho spielt abwechselnd in New York und Honduras. Mal abgesehen von den eindringlich beschriebenen Unwetterkatastrophen erzählt der Autor allerdings recht wenig über das Land.

Douglas Preston
Der Codex, 2004, 2006
Ein steinreicher Kunstdieb und Grabräuber versteckt seine gesammelten Schätze kurz vor seinem Tod in der legendären Ciudad Blanca mitten im honduranischen Dschungel. Er legt in seinem Testament fest, dass seine drei zerstrittenen Söhne nur dann ihr Erbe antreten dürfen, wenn sie die Hinterlassenschaft gemeinsam finden. Es sind nicht nur Gemälde und Skulpturen, sondern auch der Codex, in dem das gesammelte Wissen der Mayas über die Heilpflanzen der unzu-

gänglichen Wälder Zentralamerikas steht. Pharmakonzerne und Biopiraten setzen sich auf die Spur der Brüder, und eine wilde Jagd durch den Urwald beginnt. Hinter den unzähligen Biegungen der Flüsse lauern Killerameisen und blutrünstige Indianer. Ein überzogener, manchmal ziemlich alberner Thriller. Doch spannend und kurzweilig ist das triviale Epos allemal. Mit den Ortsbeschreibungen hat der Autor es nicht sehr genau genommen.

Douglas Preston (erst bei Redaktionsschluss erschienen)
The Lost City of the Monkey God, 2017
Die Geschichte der Entdeckung der sagenumwobenen Ciudad Blanca, geschrieben von einem, der bei den jüngsten Expeditionen selbst mit dabei war. Bisher nur auf Englisch.

Wolfgang Schreyer
Der grüne Papst, 1959, 1986
Ein etwas altbackener Abenteuerroman, geschrieben von einem, der genau wie Karl May nie da war und es trotzdem irgendwo hingekriegt hat. Auf Betreiben der USA wird im Jahre 1955 der guatemaltekische Präsident Arbenz von zweifelhaften Rebellen bekriegt und schließlich abgesetzt. Er hatte dem „Grünen Papst", der United Fruit Company zu sehr auf die Füße getreten. In diesem authentischen Konflikt gerät der Held des Romans zwischen die Fronten, und eine unschuldige, fast schon doofe Liebesgeschichte entwickelt sich auch. Streckenweise hat das Buch klassenkämpferische Züge; DDR-Mann Schreyer hat es schließlich in einer Zeit geschrieben, als der Sozialismus noch frisch und hoffnungsfroh war. Auch wenn nur einige Szenen in Honduras spielen, hat der Roman viel mit dem Land zu tun. Denn es war derselbe „Grüne Papst", der Honduras zur Bananenrepublik machte. Das Buch ist auch unter dem Titel „Das grüne Ungeheuer" erschienen.

Paul Theroux
Moskito-Küste, 1983
Die originelle, aber ziemlich langatmig erzählte Geschichte eines abgedrehten, egozentrischen Erfinders, der von den USA die Schnauze voll hat und in den damals noch ursprünglichen Wäldern hinter der honduranischen Moskito-Küste sein Glück sucht. Er drangsaliert seine Familie und die Einheimischen, lässt ein Modelldorf und eine gigantische Eismaschine – ja richtig gelesen eine Eismaschine – mitten im Dschungel errichten.

Don Winslow
Tage der Toten, 2005, 2010
Fesselnder Thriller über die Drogenkartelle Mexikos, die auch ihre Verbindungen zu Honduras haben. In den Figuren des Buches kann man echte Drogenbarone wiedererkennen, unter vielen anderen den Honduraner Juan Ramón Matta Ballesteros, jener Mann, der angeboten hat, die gesamten Staatsschulden des Landes zu begleichen, wenn man ihn nach seiner Verhaftung im April 1988 wieder freilässt. Ein extrem spannender, knallharter Roman, dessen eigentliche Tragik darin liegt, dass sich all die Grausamkeiten tatsächlich so ähnlich abgespielt haben.

Reiseführer

Lonely Planet: *Honduras & the Bay Islands, 2010*
Gut recherchiert und zum Teil sehr lustig formuliert, viele praktische Tipps und auch eine Menge Hintergrund; gibt es nur in englischer Sprache.

Moon: *Honduras & the Bay Islands, 2013*
Der umfassendste Führer über Honduras. In der neuesten Auflage von 2013 ist nicht alles ganz perfekt aktualisiert; aber das bleibt bei einer

Reise-Enzyklopädie von sage und schreibe 650 Seiten wohl auch nicht aus und tut dem Werk keinen Abbruch. Sehr gute Hotel-Empfehlungen. Auch der Moon ist nur auf Englisch erschienen.

Reise Know-How: *Honduras, 2009*
Ausführlich und hilfreich, leider schon ein paar Jahre alt. Gerade in abgelegenen Gebieten wie der Mosquitia kennt der Autor sich gut aus. Auch die Auskundschaftung von so manchem kleinen, aber sehenswerten Dorf ist Spitze. Der Reiseführer enthält eine Reihe von gelungenen Beschreibungen von Land, Leuten und ihrer Kultur, dazu die eine oder andere weltverbesserische Betrachtung und eine leichte Abneigung gegen gute Hotels.

Honduras Tips
erscheint jährlich neu
Honduras Tips ist der offizielle Reiseführer des Landes in Spanisch und Englisch. Sehr übersichtlich, gut recherchiert und ausführlich, interessant bebildert. Die schöne Publikation konzentriert sich auf die wichtigsten Fremdenverkehrsziele und setzt von Jahr zu Jahr etwas andere Schwerpunkte; abgelegene Gebiete werden (bewusst) ausgeblendet. Selten so einen gelungenen offiziellen Landesführer gesehen wie diesen. Erhältlich in Hotels, Touristeninformationen, Reisebüros u.ä.

Alternativo – Descubre la Aventura
erscheint von Zeit zu Zeit
Eine lesenswerte Zeitschrift mit interessanten Texten und schönen Fotografien über Sehenswürdigkeiten, die meist etwas abseits der üblichen Touristenpfade liegen. Nur auf Spanisch, ebenfalls in Hotels, Touristeninformationen, Reisebüros zu finden.

Filme

Highlights:

Quien paga la Cuenta
Mathew Kodath, Benji Lopez, 2013

Die Macher dieses originellen Streifens haben den Leuten so richtig aufs Maul geschaut. Aus genial schrägen, zum Teil schreiend komischen Alltagsszenen basteln sie eine im Grunde genommen ziemlich traurige Handlung – wie das Leben in Honduras halt so sein kann. Da gibt's die wahre Liebe und die schlimme Krankheit, das coole Coffee-to-go-Haus und die öde Fabrik, Träume, Sehnsuchts-Diskos und skrupellose Banken, Nutten, Gigolos und Schönheitsoperationen – und das alles kostet Geld, viel zu viel Geld. Aber dafür gibt es ja die Kreditkarte, bis sich auch bei der die Frage stellt „Quien paga la Cuenta" – Wer zahlt die Rechnung? Passt, der Film! Gibt es leider nur auf Spanisch.

Sin Nombre, Mit Gottes Hilfe oder an der Seite des Teufels
Cary Fukunaga, 2009

Die junge Honduranerin Sayra will illegal in die USA. Auf ihrer gefährlichen Reise durch Mexiko verliebt sie sich in Caspar. Er gehört zur Mara Salvatrucha, einer der berüchtigten, brutalen Jugendbanden. Caspar will aussteigen; das kommt einem Todesurteil gleich. Sin nombre ist ein mitreißendes, hartes Road Movie aus Mexiko, eine Nahaufnahme der Gewalt, ein Portrait von Killern, die zum Teil noch Kinder sind. Der Film ist perfekt recherchiert, der Untertitel passt! Sin nombre könnte genauso gut in Honduras spielen; hier treibt die Mara Salvatrucha ihr mörderische Unwesen ganz ähnlich wie in El Salvador oder Mexiko. Der Hauptdarsteller kommt übrigens aus Honduras, wo der Regisseur ein gezieltes Casting für seinen herausragenden Film gemacht hat.

Walker, a true story
Alex Cox, 1987

History-Satire im Italo-Western-Stil mit einem glänzenden Ed Harris als William Walker, ein völlig abgedrehter Glücksritter, bei dem Wahnsinn, Genie und amerikanische Großmannssucht Hand in Hand gingen. Walker war 1856 und 1857 Präsident von Nicaragua. Eigentlich wollte er ja ganz Zentralamerika beherrschen. Diese wahre Geschichte ist so wahnsinnig, dass Realität und Satire miteinander verwischen. Der Film setzt noch einen drauf und macht das Ganze zu einem streckenweise schreiend komischen Slapstick. Und mittendrin ein Ed Harris, der so eindringlich und überzeugend spielt, dass trotz allem Klamauk keine Zweifel daran aufkommen, dass es diesen verrückten Walker tatsächlich gegeben hat. Zum Abschluss seiner Schandtaten wird Walker im Jahre 1860 an der honduranischen Nordküste bei Trujillo erschossen.

Tipps:

Adelante Muchachas
Erika Hartzer, 2004

Frauenfußball im Macholand Honduras, ja das gibt es. Der Regisseurin ist eine gehaltvolle Doku über junge Frauen, die gerne Fußball spielen, über Machismo, das Gebot der Jungfräulichkeit vor der Ehe und über Gewalt im Alltagsleben von Tegucigalpa gelungen. Der Film ist teilweise in Deutsch, teilweise in Spanisch mit deutschen Untertiteln, aber leider nicht im Internet und auch sonst schwer zu finden.

Almas de la Medianoche
Juan Carlos Fanconi, 2001

Am Lago de Yojoa treiben dämonische Mönche ihr Unwesen; sie töten die Menschen und rauben ihre Seelen. Eine Gruppe von Studenten will dem Geheimnis auf die Spur kommen. Der Regisseur macht aus dieser schlichten Story eine Mischung aus klassischem

Horror-Kino und verfilmtem Fünf-Freunde-Roman. Es gibt den Streifen bei Youtube, aber nur auf Spanisch.

Amor y Frijoles
Mathew Kodath, Hernan Pereira, 2009
Amor y Frijoles war der erste Streich der Truppe, die „Quien paga la Cuenta" gemacht hat. Eine flockig gedrehte Dorf-Telenovela, in der Alltag und Gefühle lustig in Szene gesetzt werden. Das Ganze spielt in Ojojono, einem verpennten Städtchen etwas südlich von Tegucigalpa. Auch diesen Film kann man sich auf Spanisch kostenlos im Internet anschauen.

Mosquito Coast
Peter Weir, 1986
Nach dem gleichnamigen Roman von Paul Theroux: eine originelle, auch im Film etwas langatmig inszenierte Story. Hochkarätig besetzt mit Harrison Ford in der Rolle des abgedrehten Erfinders, der im honduranischen Dschungel sein Glück sucht, und Helen Mirren als seine Frau. Der Streifen ist allerdings nicht in der echten Moskitia gedreht, sondern in einem Regenwald-Pendant in Belize.

La Vida Loca – die Todesgang
Christian Poveda, 2008
La Vida Loca (das verrückte Leben) ist eine knallharte Doku. Poveda hat über 3 Jahre lang Originalszenen aus dem Leben der brutalen Jugendbande Mara 18 gedreht. Verhaftungen, Schießereien, viel Blut, Tote und Beerdigungen, immer wieder Beerdigungen, aber auch kaputtes Familienleben und Versuche, aus der teuflischen Spirale von Gewalt und Hoffnungslosigkeit herauszukommen. Der Regisseur hat sein einzigartiges Werk mit dem Leben bezahlt – kurz nach Erscheinen der Dokumentation wurde Poveda in der Nähe von San Salvador erschossen. Der Film spielt in El Salvador; die selbe Mara 18 gibt es aber auch in Honduras. Spanisch, mit deutschen Untertiteln.

El Xendra
Juan Carlos Fanconi, 2012

Honduranischer Mystery-Thriller mit geschickt aufgebauter Spannung, eindringlichen Szenen, bedrohlicher Musik und schräger Handlung. In dem etwas wirren Science Fiction werden alle Register des Geheimnisvollen gezogen: von der legendäre Ciudad Blanca über das Ende der Welt nach dem Maya Kalender bis El Xendra, dem metaphysischen Tor zur Zwischenwelt; als apokalyptische Gaststars die Außerirdischen. Gedreht wurde dieser Mystik-Potpourri in der Mosquitia, am Strand von Tela, in den Höhlen von Taulabé und in der Gegend um Tegucigalpa. Spanisch mit englischen Untertiteln.

Und dann ist da noch ein putziges Video der **Andrew Sisters** im Internet: **„Tegucigalpa"**, aufgenommen 1953.

15. Schlaglicht
Hinweise und Nebenwirkungen

Wenn Sie Ihren Pass verloren haben oder sonst ein konsularischer Schuh drückt, hilft die **Deutsche Botschaft** in Tegucigalpa, Lomas de Guijarro, Avenida República Dominicana, Sendero Santo Domingo, No. 925, Tel.: 22759292. Hilfreich sind auch die von der Botschaft erarbeiteten Reisehinweise, abzurufen unter *www.auswaertiges-amt.de*

Die modernen Überlandbusse der großen Firmen wie Viana, Mirna oder Hedman Alas sind komfortabel und sicher. Es gibt in Tegucigalpa keinen zentralen Busbahnhof; die Bahnhöfe der einzelnen Firmen sind über die Stadt verteilt. Abgesehen von diesen Überlandlinien ist der **Busverkehr** mit Vorsicht zu genießen, auch wegen der Gefahr von

Überfällen; insbesondere die Kleinbusse innerhalb der Städte sollte man meiden.

Zum Thema **Geld**: In Honduras zahlt man mit Lempiras; für einen Euro gibt es etwa 25 Lempiras. Gängige Kreditkarten werden in besseren Hotels, Restaurants und Geschäften akzeptiert. Geldautomaten sind weit verbreitet. EC-Karten, vor allem die neueren mit dem Chip, funktionieren jedoch nur selten. Am besten geht es mit Mastercard oder Visa. Die einzelne Abhebung ist auf 5.000 Lempiras (etwa 200 Euro) limitiert. Normalerweise kann man zweimal hintereinander ziehen. Eine gute Lösung ist die Visa Karte der DKB; mit ihr können Sie bei entsprechender Deckung auch mehrfach hintereinander Geld aus den Automaten bekommen.

Flüge von Deutschland nach Honduras sind je nach Jahreszeit und Auslastung unterschiedlich teuer. Es geht bei etwa 500 Euro los und kann auch schon einmal über 1.000 Euro kosten. Der Hinflug ist meist etwas beschwerlich. Wenn man über die USA fliegt (Houston, Atlanta oder Miami), muss man in der Regel dort übernachten. Außerdem braucht man auch für den Zwischenstopp das elektronische ESTA-Visum. Die gängigste Alternativroute führt über Panama; auch dort ist bisweilen eine Übernachtung erforderlich. Der Rückflug ist in der Regel angenehmer und kürzer (Nachtflug).

Die **Flughafengebühr** bei der Ausreise aus Honduras beträgt knapp 40 Euro.

Hauptreisezeiten sind Weihnachten und Ostern. Zu diesen Zeiten sind vor allem die Strände völlig überlaufen, und alles kostet doppelt so viel wie sonst.

Es gibt eine Reihe von **Internetportalen**, bei denen man sich gut über Honduras informieren kann:

www.hondurasisgreat.com
www.hondurastips.hn
www.honduras.com/honduras-information/

Impfungen sind für Honduras nicht vorgeschrieben. Ausnahme: Wer aus einem Land kommt, in dem Gelbfieber vorkommt, muss eine entsprechende Impfung haben. An den Küsten gibt es Malaria, allerdings nicht sehr häufig; dasselbe gilt für Dengue. Die Frage, welche Impfungen bzw. Prophylaxen man nehmen sollte, um sich objektiv und subjektiv optimal zu schützen, ist eine individuelle Frage, die am besten der Hausarzt beantworten kann.

Honduras hat in seinen etwas höher liegenden Gegenden ein sehr angenehmes, warmes, aber nicht zu heißes **Klima**. Die Regenzeit beginnt in Tegucigalpa (etwa 1.000 Höhenmeter) und Umgebung im Mai und dauert bis Ende des Jahres. Am wärmsten ist es im März und April kurz vor der Regenzeit mit Temperaturen oft über 30 Grad. Im „Winter" zwischen Dezember und Februar kann es nachts bis auf knapp über 10 Grad heruntergehen. Im Süden ist es trocken und sehr heiß bis zu 40 Grad; die Regenzeit ist dort deutlich kürzer. Im Norden und auf den Karibikinseln ist es tropisch heiß und feucht; die Regenzeit kann sich hier bis in den Januar ziehen. In der feuchten Jahreszeit regnet es keineswegs ständig und auch nicht jeden Tag. Oft gibt es auch nur einen kräftigen Schauer.

Die **Kriminalität** ist hoch in Honduras. Das Land hat eine der höchsten Mordraten der Welt. Doch wer sich auskennt und/oder bestimmte Vorsichtsmaßnahmen ergreift, hat mit dem Ganzen eigentlich nichts zu tun. Laufen Sie in größeren Städten nicht einfach irgendwo durch die Gegend – nachts schon einmal gar nicht. Beschränken Sie sich auf Orte, die in Reiseführern beschrieben sind. An touristischen Orten, auf den Dörfern, in den kleineren Städten und auf den Inseln haben Sie tagsüber wenig zu befürchten, wenn Sie nicht gerade stolz Ihre Rolex, Nikon oder das neueste iPhone herumzeigen. Beachten Sie auch die Reisehinweise des Auswärtigen Amtes.

Mietwagen: Neben lokalen Anbietern sind auch internationale Firmen wie Avis oder Hertz in Honduras vertreten. In Tegucigalpa und San Pedro Sula haben sie gleich am Flughafen ihre Büros. Die günstigsten Fahrzeuge kosten etwa 60 Euro pro Tag. Die Hauptverkehrsstraßen in Honduras sind in der Regel in einem recht guten Zustand. Einen deutlich teureren Geländewagen braucht man nur auf Nebenstrecken, welche wegen der schwierigen Sicherheitslage für Selbstfahrer eh nicht zu empfehlen sind.

Ein christliches Land braucht diskrete Refugien für schnellen Sex. Und so sind die meist an den Ausfallstraßen der Städte liegenden **Motels** auch keine Herbergen für Reisende mit dem Auto, sondern Stundenhotels. Manche von ihnen haben inspirierende Namen wie Motel El Paraiso (Motel Paradies), Mi Segunda Ilusión (meine zweite Hoffnung), La Cima del Cielo (der Gipfel des Himmels), Motel El Edén oder Cloud Nine (Wolke neun).

Stechmücken und Sandflöhe können Plagegeister übelster Art sein. Daher empfehle ich bei allen Fahrten an die Küste oder in den Regenwald ein Fläschchen mit **Mückenschutz** dabei zu haben.

Eigentlich ist fast alles erlaubt in Honduras; zumindest macht so ziemlich jeder, was er will. Doch das **Rauchverbot** wird durchgezogen; in fast allen Restaurants und Kneipen ist der Glimmstengel tabu, selbst auf Terrassen kann es für Raucher/innen eng werden.

Der **Straßenverkehr** ist für Europäer etwas gewöhnungsbedürftig. Ampeln und Schilder werden bei weitem nicht so vergöttert wie bei uns; sie haben eher Empfehlungscharakter. Sehr angenehm ist, dass die meisten Honduraner/innen längst nicht rücksichtslos rasen wie manch andere Latinos; man fährt in der Regel ziemlich defensiv. Überlandreisen sind auf den Hauptverkehrsstraßen tagsüber unproblematisch. Nachtfahrten hingegen sind brandgefährlich, da sich unbeleuchtete Gegenstände, Tiere und Kriminelle auf den Straßen befinden können. Auch Nebenstraßen sind wegen gelegentlicher Überfälle mit Vorsicht zu genießen.

In Honduras beträgt die **Stromspannung** 110 Volt. Man braucht einen Adapter, weil die Steckdosen zumeist nur 2 Leiter und flache Kontakte haben.

Die größte und renommierteste **Tageszeitung** in Honduras heißt El Heraldo. Aus dem Blatt fließt nicht ganz so viel Blut wie aus La Tribuna oder La Prensa. El Heraldo wirbt mit dem Slogan: „La verdad en sus manos – die Wahrheit in Ihren Händen". Die Zeitung gehört genau wie

La Prensa einer der zehn bis fünfzehn alteingesessenen Familien, die die wirtschaftliche und politische Kontrolle über fast das ganze Land haben und sich gut auskennen. Man braucht sich also um die Wahrheit keine großen Gedanken zu machen. La Tribuna gehört einer anderen einflussreichen Familie. El Libertador ist eine links gerichtete Oppositionszeitung; sie erscheint nur alle zwei Wochen. Manche sagen, dass es in Honduras überhaupt keine unabhängigen Journalisten gäbe, sondern nur von Interessengruppen bezahlte soziale Kommunikatoren. Gar so schlimm ist es vielleicht nicht.

Verkehrte **Taxiwelt**: in Tegucigalpa ist es angeraten, nicht die offiziellen Taxen mit den Nummern zu verwenden; denn gerade in diesen werden die Fahrgäste bisweilen ausgeraubt. Zuverlässig sind die Taxen am Flughafen und die von Hotels angerufenen Funktaxis, die paradoxerweise nicht als solche erkennbar sind. Wer sich länger in einer größeren Stadt aufhält, sollte sich die Telefonnummer eines der Funktaxi-Fahrer geben lassen und dann immer mit dem selben fahren – das gibt der verkehrten Welt etwas Vertrautes.

Ein **Visum** brauchen Sie für Honduras nicht. An der Grenze bekommt man einen Einreisestempel, mit dem man drei Monate im Land bleiben darf.

Eine gewisse Vorsicht ist bei **Wegbeschreibungen** geboten. Zum einem geben die Einheimischen aus Höflichkeit auch gerne eine Auskunft, wenn sie gar nicht wissen, wo es langgeht. Zum anderen beschreiben sie den Weg völlig anders, als wir es tun würden. Sie können mit „dort hinten und dann ein bisschen hoch" sehr viel anfangen; die uns geläufigen Beschreibungen „rechts, links, geradeaus" sind weniger gebräuchlich.

Gegenüber Deutschland gibt es eine **Zeitverschiebung** von acht und im Winter sieben Stunden nach hinten; um die Mittagszeit ist es bei Ihren Lieben zu Hause schon Abend.

16. Schlaglicht
Allerlei Geschichten aus Honduras

Petroglyphen – Hinweise auf die verlorene Stadt des Affengottes?

Der Bankräuber in der Höhle

Im Jahre 1972 passierte etwas, was sonst nur selten passiert. Auf dem Flughafen von La Ceiba landete ein in den USA entführtes Flugzeug. An Bord war ein Bankräuber namens Hahnemann mit seiner Beute. Er konnte entkommen und hatte einen Freund in Honduras. Der versteckte ihn mit dem erbeuteten Geld in der heute für Touristen geöffneten Tropfsteinhöhle von Taulabé am Lago Yojoa. Die Polizei setzte eine Belohnung auf den Übertäter aus, und Geld kann bekanntlich bisweilen mehr bedeuten als Freundschaft. Der Freund verriet das Versteck von Hahnemann. Der Räuber wurde verhaftet und in die USA ausgeliefert. Doch das Geld wurde nie gefunden …

Es regnet Fische in Yoro

Im Mai und Jun kommen die ganz starken Regenfälle herunter. Dann passieren im Norden von Honduras in der Stadt Yoro und ihrer Umgebung seltsame Dinge. Am Morgen nach einem besonders starken Regenguss liegen plötzlich Hunderte von toten Fischen an den Ufern der Flüsse. Dieses sonderbare Naturschauspiel ist verbürgt und wiederholt sich jedes Jahr, immer an einer etwas anderen Stelle. Doch niemand weiß so genau, wie die Fische dorthin kommen. Sie müssen mit dem Regen vom Himmel gefallen sein. Manche Leute wollen nicht glauben, dass es tatsächlich Fische regnen kann. Doch bisher hat noch niemand eine andere Erklärung für dieses Naturphänomen gefunden.

Der Fußballkrieg

Der Fußballkrieg ist die wohl berühmteste Honduras-Geschichte aller Zeiten. 1969, Qualifikation zur Fußballweltmeisterschaft: Honduras trifft auf El Salvador und gewinnt im ersten Spiel am 8. Juni in Tegucigalpa 1:0. Vor dem Hotel der Salvadorianer und am Rande des Spiels gibt es Ausschreitungen und Tumulte. Im zweiten Spiel eine Woche später in San Salvador gewinnen die Gastgeber 3:0, und wieder gibt es großen Ärger zwischen den Fans. Das Entscheidungsspiel am 26. Juni 1969 in Mexiko endet 3:2 nach Verlängerung für El Salvador. Jetzt eskalieren die Straßenschlachten; es gibt Tote. Zwei Tage später brechen die beiden Länder ihre diplomatischen Beziehungen ab. Am 14. Juli greift die salvadorianische Luftwaffe im Grenzgebiet an; Bodentruppen folgen. Und das alles wegen eines Fußballmatchs? Nicht ganz. El Salvador ist klein und war schon damals überbevölkert. In Honduras hingegen war viel Platz. So hatten sich seit den 1950er Jahre etwa 300.000 salvadorianische Kleinbauern auf honduranischem Territorium niedergelassen. Nun wollte Honduras seine Territorien wiederhaben, um eine Landreform durchzuführen. Man wies die Bauern aus und schickte halb legale Truppen, um sie zu vertreiben. Die Regierung von El Salvador hielt das für nicht korrekt; die Situation zwischen beiden Ländern war gespannt wie ein Flitzebogen. Und so reichten die Krawalle bei den Fußballspielen aus, um das Fass zum Überlaufen zu bringen. Nach 4 Tagen war der Fußballkrieg wieder vorbei. Die Organisation Amerikanischer Staaten hatte mit Sanktionen gedroht und El Salvador zum Einlenken bewegt. Doch die Bilanz von nur 100 Stunden Kampftätigkeit bleibt dramatisch: 2.000 Tote und über 5.000 Verletzte. Immerhin schuf der Fußballkrieg einen Nationalhelden: den Kampfpiloten Fernando Soto Henríquez. Seine altertümlich wirkende Propellermaschine kann heute im Museo de Aire de Honduras in Tegucigalpa bewundert werden.

Indura Beach Resort – die Moderne setzt sich durch, die Natur und die Menschenrechte nur ein bisschen

Im Westen von Tela liegen wunderbare Strände, traditionelle Garífuna-Dörfer wie Tornabé oder Miami, die malerische Los Micos Lagune mit einem megadiversen Ökosystem und die weit ins Meer hineinragende Landzunge von Punta Sal. Das weckte Begehrlichkeiten von Investoren für Ölpalmplantagen und Hotels; und den Widerstand von Umweltschützern und Garífunas, die schließlich seit Jahrhunderten hier ihre Dörfer haben. Die Aktivistin Jeanette Kawas setzte schließlich durch, dass um Punta Sal herum ein Nationalpark eingerichtet wurde. Doch sie bezahlte ihren Erfolg mit dem Leben. 1995 wurde sie unter bis heute ungeklärten Umständen umgebracht. Der Interamerikanische Gerichtshof für Menschenrechte verurteilte Honduras wegen dieses Vorfalls. Immerhin wurde der Nationalpark nach Jeanette Kawas benannt. Doch an den Stränden vor der Los Micos Lagune wurde schließlich die Genehmigung für ein Luxusresort mit einem 18 Löcher Golfplatz erteilt. Die Garífunas aus dem nebenan liegenden Dorf Tornabé haben als Entschädigung für ihre Ländereien eine Straße und eine Wasserversorgung bekommen. Außerdem die Option, einen Job in der Ferienanlage zu bekommen und die Ehre, dass die Hotelanlage einen indigenen Namen bekommen hat: Indura Beach Resort – Indura ist das Garífuna-Wort für Honduras. Unter den Besitzern der luxuriösen Bungalows ist die honduranische Oligarchie gut vertreten: Expräsident Maduro und die Großunternehmer Atala und Ferrari.

Die Mayas und ihr gruseliges Ballspiel

Bei den Mayas war das Ballspiel so beliebt wie bei uns der Fußball. Die Regeln sind indes etwas gewöhnungsbedürftig. Im Stadion rollten die Köpfe. Es gab Zeremonien, bei denen der besiegte König getötet wurde. Bei anderen Spielen wurde der Gewinner geopfert; dessen ungeachtet gab es immer genug freiwillige Mitspieler. Asterix hätte wahrscheinlich gesagt: Die spinnen, die Mayas.

Palmerola – ein bisschen Krieg

Von Tegucigalpa kommend steht auf dem Weg nach Comayagua so etwa zehn Kilometer vor der Stadt auf der linken Seite der Straße eine mehr als drei Kilometer lange Mauer. Hinter dieser Mauer liegt Palmerola, ein Monument zeitgenössischer Kriegsgeschichte. Von dem seit den 1960er Jahren existierenden Luftwaffenstützpunkt aus haben die Amerikaner in den 1980er Jahren ihren berühmt berüchtigten Contra-Krieg gegen Nicaragua geführt. In Palmerola waren zeitweise mehrere tausend US-Soldaten stationiert. Das koloniale Comayagua, die ehemalige Hauptstadt von Honduras verkam zu einem verlotterten Soldatenpuff. Ein wirklich schlechtes Gewissen hatten die Verantwortlichen indes nicht; denn das alles diente ja einem guten Zweck, dem Kampf für Freiheit, Demokratie und Menschenrechte. Demnächst soll auf dem Palmerola-Gelände der neue internationale Flughafen für Tegucigalpa gebaut werden.

Der böse Robin Hood und der Schauspieler im Weißen Haus

Im April 1988 steckten wütende Demonstranten den konsularischen Teil der US-amerikanischen Botschaft in Tegucigalpa in Brand. Was war passiert, was hat die Menschen aufgebracht? Beide Länder sind doch miteinander befreundet. Der Krieg der USA gegen Nicaragua wurde teilweise aus Waffenverkäufen an den Iran finanziert. Die Waffen für den Contra-Einsatz wiederum transportierte der honduranische Drogenbaron Ramón Matta Ballesteros mit denselben Flugzeugen, mit denen er Kokain in die USA brachte. Er tat es im Auftrag der

CIA. Und weil die Amerikaner und ihr Geheimdienst großen Einfluss auf die honduranische Regierung hatten, war Matta Ballesteros lange Zeit so gut wie unantastbar. Bei vielen Honduranern war er auch durchaus beliebt. Im Stil von Robin Hood hatte er Teile seines gewaltigen, kriminellen Vermögens für gute Zwecke eingesetzt, Arbeitsplätze geschaffen und den Armen geholfen. Irgendwann fiel die Iran-Contra-Affaire auf. Ronald Reagan, der Schauspieler im Weißen Haus, geriet in Bedrängnis. Er musste seine Rolle ändern und Komparsen opfern. Matta Ballesteros fiel in Ungnade. Im April 1988 wurde er vor seinem Haus in Comayaguela verhaftet. Der Drogenbaron bot der honduranischen Regierung an, die gesamten Staatsschulden zu übernehmen, wenn man ihn wieder freiließe. Doch Washington hatte seinen Komparsen definitiv entlassen. Matta Ballesteros wurde in einer Nacht und Nebel-Aktion über die Dominikanische Republik in die USA verbracht und dort lebenslänglich eingelocht. Daraufhin haben die honduranischen Demonstranten das US-Konsulat angegriffen. Haben sie es getan, weil Matta Ballesteros wirklich ein Robin Hood war? Eher nicht. Die Leute waren es wohl einfach satt, dass die USA mal wieder so getan hatten, als ob Honduras zu ihrem Staatsgebiet gehörte. Ronald Reagan indes erkrankte 1994 an Alzheimer. Er durfte dieses düstere Kapitel seiner Regentschaft vergessen, bevor er Gott gegenübertrat. Matta Bellesteros wurde wie allen berühmten Drogenbossen ein Song gewidmet. Sie finden diesen „Narcocorrido" bei youtube.

Patepluma – der Krieg, zu dem keiner hingeht

Die Bewohner der Provinz Santa Barbara nennt man Patepluma. Das ist eine Zusammenziehung der Worte Patas de Pluma – Federfüße. Es rührt der Legende nach daher, dass die Leute aus Santa Barbara immer fliegenden Fußes verschwanden, wenn sie zum Kriegsdienst herangezogen werden sollten. Der Ausdruck Patepluma ist keineswegs despektierlich. Man bezeichnet sich sogar gerne selbst so – die zentralamerikanische Version vom Krieg, zu dem keiner hingeht.

Schädel, die nicht leuchten

Bisweilen wird Talgua bei Catacamas auch die Höhle der leuchtenden Schädel genannt. In einem der Häuschen am Eingang hängt ein vielversprechendes Plakat, das die Geschichte der seltsamen Totenköpfe erzählt. Vor 3000 Jahren lebten hier bereits Menschen. Und als sie tot waren, wurden ihre Gebeine in der Talgua-Höhle beigesetzt. Im Laufe der Jahrhunderte setzte sich auf den ausgedienten Knochen eine Kalkschicht ab, die leicht fluoresziert. Doch das Plakat übertreibt; an eine vernünftige Geisterbahn kommt der Effekt bei weitem nicht heran. Deshalb macht es auch nichts, dass der für Nicht-Archäologen völlig unspektakuläre Bereich der Höhle, in dem die Totenköpfe liegen, nicht öffentlich zugänglich ist. Die Schlüsselgewalt hat das für solche Funde zuständige Instituto Hondureño de Antropología y Historia. Gefunden wurden die nicht wirklich leuchtenden Schädel übrigens erst im Jahre 1994 von einem abenteuerlustigen Bürger aus Catacamas.

Seltsame Gefährten im honduranischen Regenwald – Ameisenvogel und Heeresameise

Der Ameisenvogel ist ein unscheinbarer Kerl, der noch nicht einmal besonders gut fliegen kann; er wirkt wie der Grundbuch-Beamte unter den Gefiederten. Als cleverer Stratege ist er indes eine Kampfgemeinschaft mit den Heeresameisen eingegangen. Diese wiederum treten in großen, gemeingefährlichen Gruppen auf. Wenn sie Hunger haben, schwärmen sie blitzschnell aus und machen sich völlig unvermittelt über alles her, was sich nicht rechtzeitig aus dem Staube machen kann. Genau auf diesen Moment aber hat der listige Ameisenvogel gewartet. Er nutzt das allgemeine Chaos und pickt sich die leckersten der in alle Himmelsrichtungen fliehenden Insekten heraus. Und der Ameisenbär, was macht der? Nichts! Selbst er geht den aggressiven Heeresameisen aus dem Wege – zu schwer verdauliche Kost. Die Heeresameisen sind nicht nur der Schrecken aller Urwaldforscher; sie können sogar einen Ameisenbär schwer verletzen.

Die Weiße Stadt und der Affengott

Schon der spanische Konquistador Hernán Cortés schrieb an Kaiser Karl, den Fünften, dass es in den dichten Wäldern hinter der Hafenstadt Trujillo eine unermesslich reiche Gegend geben müsse. Sein Bericht mischte sich mit den Erzählungen der Indigenen, die von der Ciudad Blanca, einer geheimnisvollen weißen Stadt in der Mosquitia berichteten. Die Geschichte von der Ciudad Blanca blieb in den Köpfen der Menschen fest verwurzelt. Der Atlantik-Pilot Charles Lindbergh behauptete im Jahre 1927, beim Überfliegen der Mosquitia eine weiße Stadt gesichtet zu haben. Seit 1954 war die Ciudad Blanca sogar in den offiziellen Landkarten von Honduras eingezeichnet. Dabei wusste niemand so genau, wo der geheimnisvolle Ort genau lag. Im 20. Jahrhundert wurden eine Vielzahl von Expeditionen durchgeführt, um den legendären Ort zu finden. Entdeckt hat man dabei eine Reihe von Petroglyphen und eine Vielzahl von archäologischen Stücken. Die rätselhafteste Reise in die Mosquitia war die des amerikanischen Abenteurers und Spions Theodore Morde im Jahre 1940. Er kehrte mit bis dato einzigartigen Fundstücken aus dem Dschungel zurück und behauptete, Pyramiden und das gigantische Standbild eines Affen entdeckt zu haben. Die Zeitschrift American Weekly berichtete unter dem Titel „Die verlorene Stadt des Affengottes". Natürlich wollte Morde eine Anschlussexpedition machen. Doch bevor dies klappte, kam der ehemalige CIA Agent unter lange Zeit ungeklärten Umständen ums Leben. Erst viel später wurde klar, dass es schnöder Selbstmord war – der Fluch der weißen Stadt? Es gab noch viele andere Forschungsreisen in die Mosquitia. Dabei kamen auch immer wieder Fundstücke zum Vorschein. Im Jahr 2012 schließlich wurde der Urwald mit einer aufwendigen Lasertechnik, die von der NASA stammt, durchleuchtet. Die Operation soll 1,5 Millionen US$ gekostet haben; doch sie zahlte sich aus. Ein Team aus honduranischen und US-amerikanischen Archäologen, Historikern und Technikern entdeckten unter der dichten Vegetationsdecke weitläufige Ansammlungen von Gebäuderesten. 2015 folgte eine von National Geographic und dem honduranischen archäologischen Institut IHAH organisierte Expedition. Sie verkündete: „die Ciudad Blanca ist entdeckt".

Die Fundstelle ist von der Größe her mit dem Tal von Copán zu vergleichen. Doch ist es wirklich die legendäre Ciudad Blanca? Wahrscheinlicher ist, dass es die eine Weiße Stadt nie gegeben hat. Nach den jetzigen wissenschaftlichen Erkenntnissen war die gesamte Mosquitia in der alten Zeit ziemlich dicht besiedelt. Und immer, wenn Forscher oder Abenteurer mal wieder etwas in den Tiefen des Dschungels entdeckt hatten, hieß es, das muss zur Ciudad Blanca gehören. So bildete sich aus vielen Spuren und Geschichten über die Jahre der Mythos der Weißen Stadt heraus – La Ciudad Blanca, eine Legende aus Legenden.

Und wie geht es weiter? Die Fundstätte liegt am Rande der völlig unzugänglichen Kernzone des Biosphärenreservats Rio Plátano. Sie wird vom Militär bewacht und ist vorerst nur für Wissenschaftler/innen zugängig. Einzelne Fundstücke werden demnächst in einem Museum in Catacamas ausgestellt. Später sollen von Catacamas aus auch Touren mit dem Hubschrauber angeboten werden.

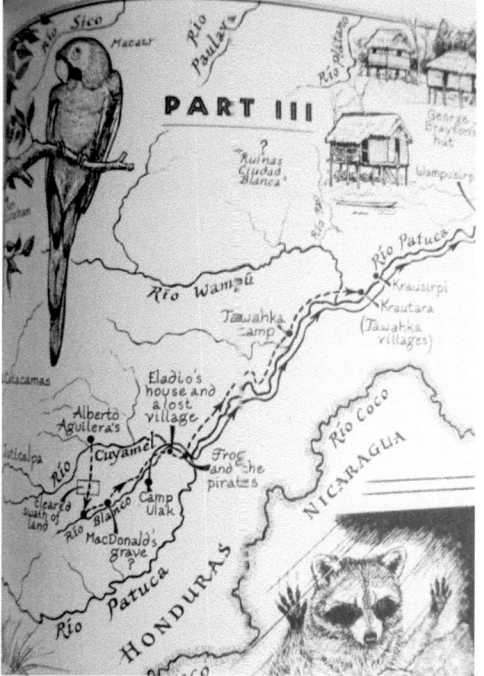

Der Weg zur Weißen Stadt (Karte aus dem Roman „Jungle Land" von Christopher S. Steward)

17. Schlaglicht
Honduras in 2 oder 3 Wochen – eine Reiseroute

Unterwegs

1.Tag: Tegucigalpa

Besuchen Sie die imposante Basilika von Suyapa und gleich nebenan in der schnuckeligen Kapelle die nur 6 cm große „Oberjungfrau" des Landes, die Virgen de Suyapa; am Nachmittag ein Streifzug durch die Altstadt.

Unterkunft im sympathischen und stilvollen Boutique-Hotel Portal del Angel oder im modernen Plaza Juan Carlos.

2.Tag: Umgebung von Tegucigalpa

Besichtigung der „Dorfschönheiten" Santa Lucia und/oder Valle de

Angeles, weiter zu den historischen Minenstädtchen San Juancito / El Rosario und ein Spaziergang durch die verwunschenen Nebelwälder des Nationalparks La Tigra.

3. Tag: Comayagua

Nur 2 Stunden mit dem Auto nach Comayagua und dann durch das schönste koloniale Zentrum des Landes flanieren.

Ein stimmungsvolles Dinner in Ricardo's Restaurant und Übernachtung im kolonialen Hotel Caxa Real.

4. Tag: Nach Gracias

Ca. 4 Stunden Fahrt mit einer kurzen Pause in La Esperanza, dort einen Kaffee in der Cafetería der Posada Papá Chepe und ein Foto von der malerischen La Gruta-Kapelle.

In Gracias ein Bummel durch die Stadt und ein Blick von der Festung San Cristobal über das koloniale Ensemble. Übernachtung in der Posada Don Juan oder im Hotel Guancascos.

5. Tag: Umgebung von Gracias

Besuch der schönsten Dörfer von Honduaras (La Campa und San Manuel de Colohete) und/oder Wanderung durch die verwunschenen Bergnebelwälder im Nationalpark Celaque.

6. Tag: Nach Copán Ruinas

Ca. 4 Stunden Fahrt. Nachmittags durch das gemütliche Touristenstädtchen flaniern oder ein Badeerlebnis mitten im Wald in den Thermalquellen des Luna Jaguar Spa Ressort.

Übernachtung im Hotel Marina Copán oder außerhalb der Stadt in der romantisch verwunschenen Hacienda San Lucas.

7. Tag: Copán Ruinas

Besichtigung der Ausgrabungsstätten von Copán nebst Museo de Esculturas.

8. Tag: Nach Tela

Ca. 6 Stunden Fahrt; mit einem Abstecher zur Fortaleza San Fernando de Omoa, der zweitgrößten Festung ganz Amerikas, sind es 9 Stunden. Alternativ am Nachmittag ein kurzer Ausflug von Tela nach Miami, dem schönsten Garífuna-Dorf des Landes in einer traumhaften Strandlandschaft zwischen Lagune und Meer.

Übernachtung im Hotel Telamar.

9. Tag: Nach La Ceiba

Ca. 2 Stunden Fahrt. Wandern, Rafting oder Canopy in der traumschönen Berglandschaft des Río Cangrejal.

Übernachtung in der Stadt im Hotel Quinta Real oder am Río Cangrejal im Hotel Villas Pico Bonito.

(Wer noch einen Tag mehr hat: Ausflug zu den Robinson-Inseln Cayos Cochinos)

10. Tag: Mit dem Schiff nach Roatán

Strand und Tauchen

Dinner im lauschigen Restaurant Vintage Pearl und Übernachtung nebenan im Hotel Mayan Princess in West Bay.

11. Tag: Roatán

Inselrundfahrt mit einem Bummel durch Westend, Besichtigung des Kreuzfahrthafens und der Leguan-Farm, Mangrovenfahrt bei Oak Ridge und Blick auf ein riesiges Schiffswrack.

10. Tag alternativ: mit dem Schiff nach Utila

Tauchen und Abhängen

Übernachtung in Trudy's Hotel oder im Colibri Hill Resort; nicht vergessen: Guifity trinken in der abgefahrenen Skidrow Bar.

11. Tag: Utila

Ausflug zum Robinson-Inselchen Water Cay

Wer mehr Zeit hat, kann auch beide Inseln besuchen; es gibt Schiffsverbindungen zwischen Roatán und Utila.

12. Tag: Zurück nach La Ceiba

13. Tag: Zum Lago de Yojoa
Ca. 5 Stunden Fahrt. Auf dem Weg Besuch der riesigen Talsperre El Cajon.
Übernachtung in der Posada Honduyate.

14. Tag: Zurück nach Tegucigalpa
Ca. 4 Stunden Fahrt; auf dem Weg ein Besuch der Tropfsteinhöhlen Cuevas de Taulabé.

Wenn Sie mehr Zeit haben oder die Tour variieren möchten, hier noch **zwei Optionen:**

Von La Ceiba mit dem Flugzeug nach Guanaja
Bummel durch das Hauptstädtchen Bonacca, mit dem Boot an der originellen Villa on Dunbar Rock vorbeifahren.
Essen im deutschen Restaurant Manatí; Übernachten im Grahams Place.

Von La Ceiba nach Trujillo
Ca. 4 Stunden Fahrt; Besuch des Fort Santa Bárbara; Gedenkminute am Grab des verrückten William Walker.
Übernachtung im Hotel Christopher Columbus; ein Drink in der Cafetería Vino Tinto.
Es gibt auch eine Schiffsverbindung zwischen Trujillo und Guanaja.